LOS EVANGELIOS GNÓSTICOS

LOS EVANGELIOS GNÓSTICOS

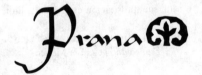

Los evangelios gnósticos

D.R. © 2006 Editorial Lectorum, S.A. de C.V.,
Centeno 79-A, Col. Granjas Esmeralda
C.P. 09810, México, D.F.
Tel.: 55 81 32 02
www.lectorum.com.mx
ventas@lectorum.com.mx

L.D. Books
8313 NW 68 Street
Miami, Florida, 33166
Tel. (305) 406 22 92 / 93
ldbooks@bellsouth.net

Primera edición: abril de 2006
ISBN: 970-732-153-9

Impreso y encuadernado en México
Printed and bound in Mexico

INTRODUCCIÓN

❋

En diciembre de 1945, en un pueblo egipcio llamado Nag Hammadi (en árabe "pueblo de alabanza") un campesino halló cerca de mil páginas en papiro: 53 textos divididos en códices, cuya antigüedad se remonta probablemente hacia el siglo IV d.C. Este campesino encontró enterrada una jarra de barro; este descubrimiento le produjo cierto temor e inicialmente no quiso abrirla, ya que temía que en su interior habitase un «jinn» o espíritu, pero finalmente la rompió y halló algunos manuscritos. Lamentablemente no dio aviso del hallazgo y los amontonó cerca del horno de su casa entre la paja, lo que provocó que su madre quemase muchos papiros para alimentar el fuego. Esta fue una pérdida irremediable de una parte importante de nuestra historia que ya no podremos recuperar.

Tras algún tiempo los manuscritos sobrevivientes pasaron de unas manos a otras, entre especuladores que los vendieron en el mercado negro, hasta que algunos investigadores comenzaron a recopilarlos poco a poco. Hoy desconocemos si todo el material fue recuperado o aún quedan fragmentos en poder de algún coleccionista, u ocultos por personas que no quieren que su contenido salga a la luz. En la actualidad, lo que se ha rescatado de esos manuscritos se ha dividido en dos tipos de evangelios: los apócrifos y los gnósticos.

Los evangelios gnósticos poseen una particularidad que fue censurada durante siglos por la Iglesia: además de contar la verdadera historia del Grial, hablan del ministerio de Cristo en términos muy humanos. De acuerdo con estos textos, Jesús vino al mundo a mostrar la senda para encontrar el camino del conocimiento (de ahí la palabra *gnosis*). Más que ofrecer una serie de respuestas, lo que él buscaba era ser un estímulo para iniciar una búsqueda.

Esta serie de evangelios nos muestra que las raíces del gnosticismo se caracterizan por ser una mezcla de las creencias estrictamente cristianas con creencias judaicas y orientales, cuyo objetivo es alcanzar el conocimiento de lo divino por medio de la *intuición* o *concepto*, no por algo *material*.

En los escritos aquí reunidos, la figura de Jesús es mucho más humana que en los convencionales, donde se le adorna con atributos mitológicos que ya se encontraban en otros dioses aceptados por los paganos de todo el Mediterráneo.

Gnosticismo

Para entender por qué estos evangelios son considerados gnósticos es necesario recurrir a la filosofía. Las raíces del gnosticismo podrían remontarse a la adaptación que del sistema platónico hizo Filón de Alejandría en función del judaísmo. En su planteamiento, Dios estaría por encima del logos y del mundo de las ideas. Sus principales líneas son:

La trascendencia indudable de Dios, esto es, separado de toda forma de materia. La explicación del mundo sensible por medio de una complicada genealogía de seres que se encuentran entre la materia y Dios, del cual han emanado en decadencia. Los eones corresponderían al mundo de las ideas platónicas, y estarían en un nivel inferior a Dios.

La negatividad al respecto de la materia, la cual ocupa el menor grado en la sucesión de los seres. Esto es, la materia introduce el mal y por eso no es creación divina, al contrario, su origen está en el pecado de algún ser intermedio, que es el Yavé del Antiguo Testamento, el Dios semita. Por eso, el Dios verdadero envió a su hijo Jesús: para liberar a quienes creyeran en Él y destruir el mal.

La concepción antropológica dualista. Es decir, la idea de que el hombre está compuesto de un principio malo, que es la materia, su cuerpo, y otro bueno, que es su espíritu aprisionado en este mundo y que puede regresar a la región superior de donde procede. La salvación consiste en asimilar un *conocimiento* (*gnosis*) supuestamente oculto y que es revelado a ciertos "elegidos". Esto es posible no por Dios sino por uno de los eones intermedios, es decir, Jesús.

El auge del gnosticismo ocurrió en el siglo II. Aparecen en Siria: Satornilo (h 98-160), Cerdón (s. II), discípulo de Valentín, y Marción, discípulo de Cerdón. En Alejandría, Basílides (h 120-161), su hijo Isidoro y Carpócrates (h 130-160). En la región itálica: Valentín (s. II); su pensamiento se difundió por toda esa región y por la oriental, a finales del siglo II y principios del III. Probablemente, él fue el gnóstico más influyente. Su pensamiento fue ampliamente difundido, entre otros, por Tolomeo (h 140) considerado como el autor de la principal obra gnóstica: *Epístola a Flora*; y Heracleón (h 145-180) quien le dio una exégesis de orientación gnóstica al evangelio de San Juan.

En resumen, en estos evangelios aparece con frecuencia la teoría gnóstica: el cuerpo de Cristo es puramente aparencial. La divinidad de Cristo no le permitiría, por definición, corporizarse.

Los gnósticos

Los gnósticos se consideraban *conocedores* o *gnostikoi,* denotando que poseían la *gnosis* o el *conocimiento divino.* Vivieron en su mayoría durante los tres o cuatro primeros siglos de la Era Cristiana. No eran sectarios ni miembros de una nueva religión; eran personas que compartían entre sí cierta actitud ante la vida que consistía en la convicción de que el conocimiento directo, personal y absoluto de las verdades auténticas de la existencia es accesible a los seres humanos. Y la obtención de tal conocimiento debe siempre constituir la suprema realización de la vida humana.

En las décadas iniciales del cristianismo encontramos la primera mención de cristianos "gnósticos"; en ese entonces aún no se había definido ninguna ortodoxia o una única doctrina aceptable del pensamiento cristiano. Por ello se sugiere que el gnosticismo fue una de muchas corrientes que formaban las aguas profundas de la nueva religión.

Los gnósticos no negaban el beneficio de la Torah ni la magnificencia de la figura de Jesús, el Ungido del Dios Supremo. Para terminar, diremos que se sustentaban en los siguientes conceptos: *a)* El mundo material no es adecuado para el ser humano. *b)* Afirmaban ser depositarios de las enseñanzas secretas de Jesús.

EVANGELIO DE TOMÁS

Texto copto de Nag Hammadi

Estas son las palabras secretas que enunció Jesús el Viviente y que Dídimo Judas Tomás consignó por escrito.

1. Y dijo: "Quien encuentre el significado de estas palabras no experimentará la muerte".

2. Jesús dijo: "El que busca no debe dejar de buscar hasta que encuentre. Y cuando encuentre se estremecerá, y tras su estremecimiento se llenará de asombro y reinará sobre el universo".

3. Jesús dijo: "Si aquellos que los guían les dicen: Vean, el Reino está en el cielo; entonces las aves del cielo les tomarán la delantera. Y si les dicen: Está en la mar, entonces los peces les tomarán la delantera. No obstante el Reino está dentro de ustedes y fuera de ustedes. Cuando lleguen a conocerse a ustedes mismos, entonces serán conocidos y se darán cuenta de que son hijos del Padre Viviente. Pero si no se conocen a ustedes mismos, están inmersos en la pobreza y son la pobreza misma".

4. Jesús dijo: "Un anciano a su edad no vacilará en preguntar a un niño de siete días por el lugar de la vida, y vivirá; pues muchos primeros vendrán a ser últimos y terminarán siendo uno solo".

5. Jesús dijo: "Reconoce lo que tienes ante tu vista y lo que está oculto se te manifestará, pues nada hay escondido que no llegue a ser manifiesto".

6. Le preguntaron sus discípulos diciéndole: "¿Quieres que ayunemos? ¿Y de qué forma debemos orar y dar limosna, qué de-

bemos de observar respecto a la comida?" Jesús dijo: "No mientan ni hagan lo que aborrezcan, pues ante el Cielo todo está manifiesto, ya que nada hay oculto que no acabe por quedar expuesto y nada escondido que pueda mantenerse sin ser revelado".

7. Jesús dijo: "Dichoso el león que al ser ingerido por un hombre se hace hombre; detestable el hombre que se deja devorar por un león y éste se hace hombre".

8. Y dijo: "El hombre es como un pescador inteligente que echó su red al mar y la sacó de él rebosante de peces pequeños. Al encontrar entre ellos un pez enorme y bueno, aquel inteligente pescador echó todos los peces pequeños al mar y escogió sin titubear el pez grande".

9. Jesús dijo: "He aquí que el campesino salió, llenó su mano y esparció (pizcas de semillas). Algunas cayeron en el camino y vinieron las aves y se las llevaron. Otras cayeron sobre piedra y no enraizaron en la tierra ni hicieron brotar espigas hacia el cielo. Otras cayeron entre espinas —éstas sofocaron el grano— y el gusano se las comió. Otras cayeron en buena tierra y (ésta) dio una buena cosecha, produciendo 60 y 120 veces por medida".

10. Jesús dijo: "He lanzado fuego sobre el mundo y vean que lo mantengo hasta que arda".

11. Jesús dijo: "Pasará este cielo y pasará de la misma forma el que está encima de él. Y los muertos no viven ya, y los que están vivos no perecerán. Cuando comían lo que estaba muerto, lo hacían revivir; ¿qué van a hacer cuando estén en la luz? El día en que eran una misma cosa, se hicieron dos; después de haberse hecho dos, ¿qué van a hacer?"

12. Los discípulos dijeron a Jesús: "Sabemos que tú te irás de nuestro lado; ¿quién va a ser el mayor entre nosotros? Jesús les dijo: Dondequiera que se hayan reunido, diríjanse a Santiago el Justo, por quien el Cielo y la Tierra fueron creados".

13. Jesús dijo a sus discípulos: "Hagan una comparación y díganme a quién me parezco". Simón Pedro le dijo: "Te pareces a un ángel justo". Mateo le dijo: "Te pareces a un filósofo, a un hombre sabio". Tomás le dijo: "Maestro, mi boca es totalmente

incapaz de decir a quién te pareces". Respondió Jesús: "Yo ya no soy tu maestro, dado que has bebido y te has emborrachado del manantial que yo mismo he templado". Luego lo tomó consigo, se alejó y le dijo tres palabras. Cuando Tomás regresó al lado de sus compañeros, éstos le preguntaron: "¿Qué es lo que te ha dicho Jesús?" Tomás respondió: "Si yo les revelara una sola de las palabras que me ha dicho, tomarían piedras y las arrojarían sobre mí: entonces saldrían llamas de ellas y los abrasaría".

14. Les dijo Jesús: "Si ayunan, se engendran pecados; y si hacen oración, se les condenará; y si dan limosnas, harán mal a sus espíritus. Cuando vayan a un país cualquiera y caminen por esas regiones, si se les recibe, coman lo que les presenten (y) curen a los enfermos entre ellos. Pues lo que entra en su boca no los manchará, mas lo que sale de su boca, eso sí que los manchará".

15. Jesús dijo: "Cuando vean al que no nació de mujer, póstrense sobre su rostro y adórenlo: Él es su Padre".

16. Jesús dijo: "Quizá los hombres piensan que he venido a traer paz al mundo, y no saben que he venido a traer disensiones sobre la Tierra: fuego, espada, guerra. Pues cinco habrá en casa: tres estarán contra dos y dos contra tres, el padre contra el hijo y el hijo contra el padre. Y todos ellos se encontrarán en soledad".

17. Jesús dijo: "Yo les daré lo que ningún ojo ha visto y ningún oído ha escuchado y ninguna mano ha tocado y en ningún corazón humano ha penetrado".

18. Dijeron los discípulos a Jesús: "Dinos cómo va a ser nuestro fin". Respondió Jesús: "¿Es que han descubierto ya el principio para que pregunten por el fin? Sepan que donde está el principio, allí estará también el fin. Dichoso aquel que se encuentra en el principio: él conocerá el fin y no probará la muerte".

19. Jesús dijo: "Dichoso aquel que ya existía antes de llegar a ser. Si se hacen mis discípulos (y) escuchan mis palabras, estas piedras se pondrán a su servicio. Cinco árboles tienen en el paraíso que ni en verano ni en invierno se mueven y cuyo follaje no cae: quien los conoce no probará la muerte".

20. Dijeron los discípulos a Jesús: "Dinos a qué se parece el Reino de los Cielos". Les dijo: "Se parece a un grano de mosta-

za, que es (ciertamente) la más exigua de todas las semillas, pero cuando cae en tierra de labor hace brotar un tallo (y) se convierte en cobijo para los pájaros del cielo".

21. Dijo Mariham a Jesús: "¿A qué se parecen tus discípulos?" Él respondió: "Se parecen a unos muchachos que se han acomodado en una parcela ajena. Cuando se presenten los dueños del terreno les dirán: Devuélvannos nuestra finca. Ellos se sienten desnudos en su presencia al tener que dejarla y devolvérselas. Por eso les digo: Si el dueño de la casa se entera de que va a venir el ladrón, se pondrá a vigilar antes de que llegue y no permitirá que éste penetre en la casa de su propiedad y se lleve su ajuar. Así, pues, ustedes también estén alerta ante el mundo, ciñan sus lomos con fortaleza para que los ladrones encuentren cerrado el paso hasta ustedes; pues (si no) darán con la recompensa que ustedes esperan. ¡Ojalá surja de entre ustedes un hombre sabio que —cuando la cosecha haya madurado— venga rápidamente con la hoz en la mano y la siegue! El que tenga oídos para oír, que oiga".

22. Jesús vio unas criaturas que estaban siendo amamantadas y dijo a sus discípulos: "Estas criaturas a las que están dando el pecho se parecen a quienes entran en el Reino". Ellos le dijeron: "¿Podremos nosotros —haciéndonos pequeños— entrar en el Reino?" Jesús les dijo: "Cuando sean capaces de hacer de dos cosas una, y de configurar lo interior con lo exterior, y lo exterior con lo interior, y lo de arriba con lo de abajo, y de reducir a la unidad lo masculino y lo femenino, de manera que el macho deje de ser macho y la hembra hembra; cuando hagan ojos de un solo ojo y una mano en lugar de una mano y un pie en lugar de un pie y una imagen en lugar de una imagen, entonces podrán entrar [en el Reino]".

23. Jesús dijo: "Yo los escogeré uno entre mil y dos entre diez mil; y resultará que ellos quedarán como uno solo".

24. Dijeron sus discípulos: "Instrúyenos acerca del lugar donde moras, pues sentimos la necesidad de indagarlo". Les dijo: "El que tenga oídos, que escuche: en el interior de un hombre de luz hay siempre luz y él ilumina todo el universo; sin su luz reinan las tinieblas".

25. Jesús dijo: "Ama a tu hermano como a tu alma; cuídalo como a la pupila de tu ojo".

26. Jesús dijo: "La paja en el ojo de tu hermano, sí que la ves; pero la viga en el tuyo propio, no la ves. Cuando hayas sacado la viga de tu ojo, entonces verás de quitar la paja del ojo de tu hermano".

27. (Jesús dijo): "Si no se abstienen del mundo, no encontrarán el Reino; si no hacen del sábado sábado, no verán al Padre".

28. Jesús dijo: "Yo estuve en medio del mundo y me manifesté a ellos en carne. Los hallé a todos ebrios (y) no encontré entre ellos uno siquiera con sed. Y mi alma sintió dolor por los hijos de los hombres, porque son ciegos en su corazón y no se percatan de que han venido vacíos al mundo y vacíos intentan otra vez salir de él. Ahora bien: por el momento están ebrios, pero cuando hayan expulsado su vino, entonces se arrepentirán".

29. Jesús dijo: "El que la carne haya llegado a ser gracias al espíritu es un prodigio; pero el que el espíritu (haya llegado a ser) gracias al cuerpo, es prodigio [de prodigios]. Y yo me maravillo cómo esta gran riqueza ha venido a alojarse en esta pobreza".

30. Jesús dijo:"Dondequiera que hubiese tres dioses, dioses son; dondequiera que haya dos o uno, con él estoy yo".

31. Jesús dijo: "Ningún profeta es aceptado en su aldea; ningún médico cura a aquellos que lo conocen".

32. Jesús dijo: "Una ciudad que está construida (y) fortificada sobre una alta montaña no puede caer ni pasar inadvertida".

33. Jesús dijo: "Lo que escuchas con uno y otro oído, pregónalo desde la cima de tus tejados; pues nadie enciende una lámpara y la coloca bajo el celemín o en otro lugar escondido, sino que la pone sobre el candelero para que todos los que entran y salen vean su resplandor".

34. Jesús dijo: "Si un ciego guía a otro ciego, ambos caen en el hoyo".

35. Jesús dijo: "No es posible que uno entre en la casa del fuerte y se apodere de ella (o de él) de no ser que logre atarle las manos a éste: entonces sí que saqueará su casa".

36. Jesús dijo: "No estén preocupados desde la mañana hasta

la noche y desde la noche hasta la mañana (pensando) qué van a ponerse".

37. Sus discípulos dijeron: "¿Cuándo te nos vas a manifestar y cuándo te vamos a ver?" Jesús dijo: "Cuando pierdan (el sentido de) la vergüenza y —cogiendo sus vestidos— los pongan bajo los talones como niños pequeños y los pisoteen, entonces [verán] al Hijo del Viviente y no tendrán miedo".

38. Jesús dijo: "Muchas veces desearon escuchar estas palabras que les estoy diciendo sin tener a su disposición alguien de quien oírlas. Días llegarán en que me buscarán (y) no me encontrarán".

39. Jesús dijo: "Los fariseos y los escribas recibieron las llaves del conocimiento y las han escondido: ni ellos entraron, ni dejaron entrar a los que querían. Pero ustedes sean cautos como las serpientes y sencillos como las palomas".

40. Jesús dijo: "Una cepa ha sido plantada al margen del Padre y —como no está firmemente arraigada— será arrancada de cuajo y se malogrará".

41. Jesús dijo: "A quien tiene en su mano se le dará; y a quien nada tiene —aun aquello poco que tiene— se le quitará".

42. Jesús dijo: "Háganse pasajeros".

43. Le dijeron sus discípulos: "¿Quién eres tú para decirnos estas cosas?" [Jesús respondió]: "Basándoos en lo que les estoy diciendo, no son capaces de entender quién soy yo; se han vuelto como los judíos, ya que éstos aman el árbol y odian su fruto, aman el fruto y odian el árbol".

44. Jesús dijo: "A quien insulte al Padre, se le perdonará; y a quien insulte al Hijo, (también) se le perdonará. Pero quien insulte al Espíritu Santo no encontrará perdón ni en la Tierra ni en el Cielo".

45. Jesús dijo: "No se cosechan uvas de los zarzales ni se cogen higos de los espinos, (pues) éstos no dan fruto alguno. [Un] hombre bueno saca cosas buenas de su tesoro; un hombre malo saca cosas malas del mal tesoro que tiene en su corazón y habla maldades, pues de la abundancia del corazón saca él la maldad".

46. Jesús dijo: "Desde Adán hasta Juan el Bautista no hay entre los nacidos de mujer nadie que esté más alto que Juan el Bautista, de manera que sus ojos no se quiebren. Pero yo he dicho: Cualquiera de entre ustedes que se haga pequeño, vendrá en conocimiento del Reino y llegará a ser encumbrado por encima de Juan".

47. Jesús dijo: "No es posible que un hombre monte dos caballos y tense dos arcos; no es posible que un esclavo sirva a dos señores, sino que más bien honrará a uno y despreciará al otro. A ningún hombre le apetece —después de haber bebido vino añejo— tomar vino nuevo; no se echa vino nuevo en odres viejos, no sea que éstos se rompan, y no se echa vino añejo en odre nuevo para que éste no le eche a perder. No se pone un remiendo viejo en un vestido nuevo, pues se produciría un rasgón".

48. Jesús dijo: "Si dos personas hacen la paz entre sí en esta misma casa, dirán a la montaña: ¡Desaparece de aquí! Y ésta desaparecerá".

49. Jesús dijo: "Bienaventurados los solitarios y los elegidos: ustedes encontrarán el Reino, ya que de él proceden (y) a él tornarán".

50. Jesús dijo: "Si les preguntan: ¿De dónde han venido?, díganles: Nosotros procedemos de la luz, del lugar donde la luz tuvo su origen por sí misma; (allí) estaba afincada y se manifestó en su imagen. Si les preguntan: ¿Quién son ustedes?, digan: Somos sus hijos y somos los elegidos del Padre Viviente. Si se les pregunta: ¿Cuál es la señal de su Padre que llevan en ustedes mismos?, díganles: Es el movimiento y a la vez el reposo".

51. Le dijeron sus discípulos: "¿Cuándo sobrevendrá el reposo de los difuntos y cuándo llegará el mundo nuevo?" Él les dijo: "Ya ha llegado (el reposo) que esperan, pero ustedes no se dan cuenta".

52. Sus discípulos le dijeron: "24 profetas alzaron su voz en Israel y todos hablaron de ti". Él les dijo: "Han dejado a un lado al Viviente (que está) ante ustedes ¡y hablan de los muertos!"

53. Sus discípulos le dijeron: "¿Es de alguna utilidad la circuncisión o no?" Y él les dijo: "Si para algo valiera, ya les engen-

draría su padre circuncisos en el seno de sus madres; sin embargo, la verdadera circuncisión en espíritu ha sido de gran utilidad".

54. Jesús dijo: "Bienaventurados los pobres, pues suyo es el Reino de los Cielos".

55. Jesús dijo: "Quien no odie a su padre y a su madre, no podrá ser discípulo mío. Y (quien no) odie a sus hermanos y hermanas (y no cargue) con su cruz como yo, no será digno de mí".

56. Jesús dijo: "Quien haya comprendido (lo que es) el mundo, ha dado con un cadáver. Y quien haya encontrado un cadáver, de él no es digno el mundo".

57. Jesús dijo: "El Reino del Padre se parece a un hombre que tenía una [buena] semilla. Vino de noche su enemigo y sembró cizaña entre la buena semilla. Este hombre no consintió que ellos (los jornaleros) arrancasen la cizaña, sino que les dijo: No sea que vayan a escardar la cizaña y con ella arranquen el trigo; ya aparecerán las matas de cizaña el día de la siega, (entonces) se las arrancará y se las quemará".

58. Jesús dijo: "Bienaventurado el hombre que ha sufrido: ha encontrado la vida".

59. Jesús dijo: "Fijen su mirada en el Viviente mientras están vivos, no sea que luego mueran e intenten contemplarlo y no puedan".

60. (Vieron) a un samaritano que llevaba un cordero camino de Judea y dijo a sus discípulos: "(¿Qué hace) éste con el cordero?" Ellos le dijeron: "(Irá) a sacrificarlo para comérselo". Y les dijo: "Mientras esté vivo no se le comerá, sino sólo después de haberlo degollado, cuando (el cordero) se haya convertido en un cadáver. Ellos dijeron: No podrá obrar de otro modo". Él dijo: "Ustedes asegúrense un lugar de reposo para que no se conviertan en cadáveres y sean devorados".

61. Jesús dijo: "Dos reposarán en un mismo lecho: el uno morirá, el otro vivirá". Dijo Salomé: "¿Quién eres tú, hombre, y de quién? Te has subido a mi lecho y has comido de mi mesa". Jesús le dijo: "Yo soy el que procede de quien (me) es idéntico; he sido hecho partícipe de los atributos de mi Padre". (Salomé dijo): "Yo soy tu discípula". (Jesús le dijo): "Por eso es por lo que

digo que si uno ha llegado a ser idéntico, se llenará de luz; mas en cuanto se desintegre, se inundará de tinieblas".

62. Jesús dijo: "Yo comunico mis secretos a los que [son dignos] de ellos. Lo que hace tu derecha, no debe averiguar tu izquierda lo que haga".

63. Jesús dijo: "Había un hombre rico que poseía una gran fortuna, y dijo: Voy a emplear mis riquezas en sembrar, cosechar, plantar y llenar mis graneros de frutos de manera que no me falte de nada. Esto es lo que él pensaba en su corazón; y aquella noche se murió. El que tenga oídos, que oiga".

64. Jesús dijo: "Un hombre tenía invitados. Y cuando hubo preparado la cena, envió a su criado a avisar a los huéspedes. Fue (éste) al primero y le dijo: Mi amo te invita. Él respondió: Tengo (asuntos de) dinero con unos mercaderes; éstos vendrán a mí por la tarde y yo habré de ir y darles instrucciones; pido excusas por la cena. Fuese a otro y le dijo: Estás invitado por mi amo. Él le dijo: He comprado una casa y me requieren por un día; no tengo tiempo. Y fue a otro y le dijo: Mi amo te invita. Y él le dijo: Un amigo mío se va a casar y tendré que organizar el festín. No voy a poder ir; me excuso por lo de la cena. Fuese a otro y le dijo: Mi amo te invita. Éste replicó: Acabo de comprar una hacienda (y) me voy a cobrar la renta; no podré ir, presento mis excusas. Fuese el criado (y) dijo a su amo: Los que invitaste a la cena se han excusado. Dijo el amo a su criado: Sal a la calle (y) tráete a todos los que encuentres para que participen en mi festín; los mercaderes y hombres de negocios [no entrarán] en los lugares de mi Padre".

65. Él dijo: "Un hombre de bien poseía un majuelo y se lo arrendó a unos viñadores para que lo trabajaran y así poder percibir de ellos el fruto. Envió, pues, a un criado para que éstos le entregaran la cosecha del majuelo. Ellos prendieron al criado y le golpearon hasta casi matarlo. Éste fue y se lo contó a su amo, quien dijo: Tal vez no los reconoció; y envió otro criado. También éste fue maltratado por los viñadores. Entonces envió a su propio hijo, diciendo: ¡A ver si respetan por lo menos a mi hijo! Los viñadores —a quienes no se les ocultaba que éste era el heredero del majuelo— lo prendieron (y) lo mataron. El que tenga oídos, que oiga".

66. Jesús dijo: "Muéstrenme la piedra que los albañiles han rechazado; ésta es la piedra angular".

67. Jesús dijo: "Quien sea conocedor de todo, pero falle en (lo tocante a) sí mismo, falla en todo".

68. Jesús dijo: "Dichosos ustedes cuando se les odie y se les persiga, mientras que ellos no encontrarán un lugar allí donde se les ha perseguido a ustedes".

69. Jesús dijo: "Dichosos los que han sufrido persecución en su corazón: éstos son los que han reconocido al Padre de verdad". (Jesús dijo): "Dichosos los hambrientos, pues el estómago de aquellos que hambrean se saciará".

70. Jesús dijo: "Cuando realicen esto en ustedes mismos, aquello que tienen los salvará; pero si no lo tienen dentro, aquello que no tienen en ustedes mismos los matará".

71. Jesús dijo: "Voy a des[truir esta] casa y nadie podrá [re]edificarla".

72. [Un hombre] le [dijo]: "Di a mis hermanos que repartan conmigo los bienes de mi padre". Él replicó: "¡Hombre! ¿Quién ha hecho de mí un repartidor?" Y se dirigió a sus discípulos, diciéndoles: "¿Es que soy por ventura un repartidor?"

73. Jesús dijo: "La cosecha es en verdad abundante, pero los obreros son pocos. Rueguen, pues, al Señor que envíe obreros para la recolección".

74. Él dijo: "Señor, hay muchos alrededor del aljibe, pero no hay nadie dentro del aljibe".

75. Jesús dijo: "Muchos están ante la puerta, pero son los solitarios los que entrarán en la cámara nupcial".

76. Jesús dijo: "El Reino del Padre se parece a un comerciante poseedor de mercancías, que encontró una perla. Ese comerciante era sabio: vendió sus mercancías y compró aquella perla única. Busquen ustedes también el tesoro imperecedero allí donde no entran ni polillas para devorar(lo), ni gusano para destruir(lo)".

77. Jesús dijo: "Yo soy la luz que está sobre todos ellos. Yo soy el universo: el universo ha surgido de mí y ha llegado hasta mí. Partan un leño y allí estoy yo; levanten una piedra y allí me encontrarán".

78. Jesús dijo: "¿A qué salieron al campo? ¿Fueron a ver una caña sacudida por el viento? ¿Fueron a ver a un hombre vestido de ropas finas? [Miren a sus] reyes y a sus magnates: ellos son los que llevan [ropas] finas, pero no podrán reconocer la verdad".

79. Una mujer de entre la turba le dijo: "Dichoso el vientre que te llevó y los pechos que te criaron". Él [le] respondió: "Bienaventurados aquellos que han escuchado la palabra del Padre (y) la han guardado de verdad, pues días vendrán en que dirán: Dichoso el vientre que no concibió y los pechos que no amamantaron".

80. Jesús dijo: "El que haya reconocido al mundo, ha encontrado el cuerpo. Pero de quien haya encontrado el cuerpo, de éste no es digno el mundo".

81. Jesús dijo: "Quien haya llegado a ser rico, que se haga rey; y quien detente el poder, que renuncie".

82. Jesús dijo: "Quien esté cerca de mí, está cerca del fuego; quien esté lejos de mí, está lejos del Reino".

83. Jesús dijo: "Las imágenes se manifiestan al hombre, y la luz que hay en ellas permanece latente en la imagen de la luz del Padre. Él se manifestará, quedando eclipsada su imagen por su luz".

84. Jesús dijo: "Cuando contemplan lo que se les parece, se alegran; pero cuando vean sus propias imágenes hechas antes que ustedes —imperecederas y a la vez invisibles—, ¿cuánto podrán aguantar?"

85. Jesús dijo: "El que Adán llegara a existir se debió a una gran fuerza y a una gran riqueza; (sin embargo), no llegó a ser digno de ustedes, pues en el supuesto de que hubiera conseguido ser digno, [no hubiera gustado] la muerte".

86. Jesús dijo: "[Las zorras tienen su guarida] y los pájaros [su] nido, pero el Hijo del hombre no tiene lugar dónde reclinar su cabeza (y) descansar".

87. Jesús dijo: "Miserable es el cuerpo que depende de un cuerpo, y miserable es el alma que depende de entrambos".

88. Jesús dijo: "Los ángeles y los profetas vendrán a su encuentro y les darán lo que les corresponde; ustedes den asimis-

mo lo que está en su mano, dénselo (y) díganse: ¿Cuándo vendrán ellos a recoger lo que les pertenece?"

89. Jesús dijo: "¿Por qué lavan lo exterior del vaso? ¿Es que no comprenden que aquel que hizo el interior no es otro que quien hizo el exterior?"

90. Jesús dijo: "Vengan a mí, pues mi yugo es adecuado y mi dominio suave, y encontrarán reposo para ustedes mismos".

91. Ellos le dijeron: "Dinos quién eres tú, para que creamos en ti". Él les dijo: "Ustedes observan el aspecto del cielo y de la Tierra, y no han sido capaces de reconocer a aquel que está ante ustedes ni de intuir el momento presente".

92. Jesús dijo: "Busquen y encontrarán: mas aquello por lo que me preguntaban antaño —sin que yo entonces les diera respuesta alguna— quisiera manifestárselos ahora, y ustedes no me hacen preguntas en este sentido".

93. [Jesús dijo]: "No echen las cosas santas a los perros, no sea que vengan a parar en el muladar; no arrojen las perlas a los puercos, para que ellos no las [...]".

94. Jesús [dijo]: "El que busca encontrará, [y al que llama] se le abrirá".

95. [Jesús dijo]: "Si tienen algún dinero, no lo presten con interés, sino dénselo a aquel que no va a devolvérselos".

96. Jesús [dijo]: "El Reino del Padre se parece a [una] mujer que tomó un poco de levadura, la [introdujo] en la masa (y) la convirtió en grandes hogazas de pan. Quien tenga oídos, que oiga".

97. Jesús dijo: "El Reino del [Padre] se parece a una mujer que transporta(ba) un recipiente lleno de harina. Mientras iba [por un] largo camino, se rompió el asa (y) la harina se fue desparramando a sus espaldas por el camino. Ella no se dio cuenta (ni) se percató del accidente. Al llegar a casa puso el recipiente en el suelo (y) lo encontró vacío".

98. Jesús dijo: "El Reino del Padre se parece a un hombre que tiene la intención de matar a un gigante: desenvainó (primero) la espada en su casa (y) la hundió en la pared para comprobar la fuerza de su mano. Entonces dio muerte al gigante".

99. Los discípulos le dijeron: "Tus hermanos y tu madre están

afuera". Él les dijo: "Los aquí (presentes) que hacen la voluntad de mi Padre, éstos son mis hermanos y mi madre; ellos son los que entrarán en el Reino de mi Padre".

100. Le mostraron a Jesús una moneda de oro, diciéndole: "Los agentes de César nos piden los impuestos". Él les dijo: "Den a César lo que es de César, den a Dios lo que es de Dios y denme a mí lo que me pertenece".

101. (Jesús dijo): "El que no aborreció a su padre y a su madre como yo, no podrá ser [discípulo] mío; y quien [no] amó [a su padre] y a su madre como yo, no podrá ser [discípulo] mío; pues mi madre, la que [...], pero [mi madre] de verdad me ha dado la vida".

102. Jesús dijo: "¡Ay, de ellos, los fariseos, pues se parecen a un perro echado en un pesebre de bueyes!: ni come, ni deja comer a los bueyes".

103. Jesús dijo: "Dichoso el hombre que sabe [por qué] flanco van a entrar los ladrones, de manera que (le dé tiempo a) levantarse, recoger sus [...] y ceñirse los lomos antes de que entren".

104. [Le] dijeron: "Ven, vamos hoy a hacer oración y a ayunar". Respondió Jesús: "¿Qué clase de pecado he cometido yo, o en qué he sido derrotado? Cuando el novio haya abandonado la cámara nupcial, ¡que ayunen y oren entonces!"

105. Jesús dijo: "Quien conociere al padre y a la madre, será llamado hijo de prostituta".

106. Jesús dijo: "Cuando sean capaces de hacer de dos cosas una sola, serán hijos del hombre; y si dicen: ¡Montaña, trasládate de aquí!, se trasladará".

107. Jesús dijo: "El Reino se parece a un pastor que poseía cien ovejas. Una de ellas —la más grande— se extravió. Entonces dejó abandonadas (las) noventa y nueve (y) se dio a la búsqueda de ésta hasta que la encontró. Luego —tras la fatiga— dijo a la oveja: Te quiero más que a (las) noventa y nueve".

108. Jesús dijo: "Quien bebe de mi boca, vendrá a ser como yo; y yo mismo me convertiré en él, y lo que está oculto le será revelado".

109. Jesús dijo: "El Reino se parece a un hombre que tiene

[escondido] un tesoro en su campo sin saberlo. Al morir dejó el terreno en herencia a su [hijo, que tampoco] sabía nada de ello: éste tomó el campo y lo vendió. Vino, pues, el comprador y —al arar— [dio] con el tesoro; y empezó a prestar dinero con interés a quienes le pedían".

110. Jesús dijo: "Quien haya encontrado el mundo y se haya hecho rico, ¡que renuncie al mundo!"

111. Jesús dijo: "Arrollados serán los cielos y la Tierra en su presencia, mientras que quien vive del Viviente no conocerá muerte ni (...); pues Jesús dice: Quien se encuentra a sí mismo, de él no es digno el mundo".

112. Jesús dijo: "¡Ay de la carne que depende del alma! ¡Ay del alma que depende de la carne!"

113. Le dijeron sus discípulos: "¿Cuándo va a llegar el Reino?" (Jesús dijo): "No vendrá con expectación. No dirán: ¡Helo aquí! o ¡Helo allá!, sino que el Reino del Padre está extendido sobre la Tierra y los hombres no lo ven".

114. Simón Pedro les dijo: "¡Que se aleje Mariham de nosotros!, pues las mujeres no son dignas de la vida". Jesús dijo: "Mira, yo me encargaré de hacerla macho, de manera que también ella se convierta en un espíritu viviente, idéntico a ustedes los hombres: pues toda mujer que se haga varón, entrará en el Reino del Cielo".

Fragmentos griegos de Oxyrhynchus

Oxyrh. Pap. 1 (logia 26-33 y 77)

"... y entonces deberán quitar la pajita que está en el ojo de su hermano".

Jesús: "Si no hacen abstinencia del mundo, no encontrarán el reino de Dios; y si no observan el sábado, no verán al Padre".

Dice Jesús: "Estuve en medio del mundo y me dejé ver de ellos en carne; y encontré a todos ebrios y no di con ninguno que estuviera sediento entre ellos.

Y se aflige mi alma por los hijos de los hombres, porque están ciegos en su corazón y no miran a... la pobreza".

Dice Jesús: "Donde estén [...], y donde hay uno solo [...] yo estoy con él. Levanta la piedra y allí me encontrarás, hiende el leño y yo allí estoy".

Dice Jesús: "No es adepto un profeta en su patria, ni un médico obra curaciones entre los que le conocen".

Dice Jesús: "Una ciudad edificada sobre la cumbre de un alto monte y fortificada, ni ca[e]r puede, ni estar escondida".

Dice Jesús: "Tú escuchas con uno de tus oídos..."

Oxyrh. Pap. 654 (*logia* 1-6)

...Tales son los [...] discursos que tuvo Jesús, Señor viviente a [...] y a Tomás. Y les dijo: Todo el que oyere estas palabras, no gustará la muerte.

Dice Jesús: "El que busca... no cese hasta que encuentre; y cuando haya encontrado, se quedará consternado; y consternado, reinará; y en reinando, descansará".

Dice Judas: "¿Quiénes son, pues, los que nos arrastran a lo alto del Cielo, si es que el Reino está en el Cielo?" Dice Jesús: "Las aves del cielo, las bestias y todo lo que puede haber bajo la Tierra, o sobre ella, y los peces del mar, son los que los arrastran hasta Dios. Y el Reino de los Cielos dentro de ustedes está. Quien, pues, conozca a Dios, lo encontrará, porque, conociéndole a Él, se conocerán a ustedes mismos y entenderán que son hijos del Padre, el Perfecto, y, a la vez, se darán cuenta de que son ciudadanos del Cielo. Ustedes son la ciudad de Dios".

Dice Jesús: "Todo lo que no está ante tu vista y lo que te está oculto, te será revelado; pues no hay cosa oculta que no llegue a ser manifiesta y sepultada que no se desentierre".

Le preguntan sus discípulos y (le) dicen: "¿Cómo ayunaremos y cómo oraremos y cómo haremos limosna y qué observaremos de cosas semejantes?" (Les) Dice Jesús: "Miren, no sea que pierdan la recompensa. No hagan sino las obras de la verdad. Pues, si hacen éstas, conocerán el misterio escondido. Les digo: Bienaventurado es el que..."

Oxyrh. Pap. 655 (logia 36-37 y 39)

"No estén preocupados desde la mañana hasta la tarde, ni desde la tarde hasta la mañana, ni por su comida, qué van a comer, ni por su vestido, qué van a ponerse. Mucho más valen que los lirios, los cuales crecen y no hilan. Teniendo un vestido, ¿por qué [...] también ustedes?"

"¿Quién sería capaz de añadir (algo) a su estatura? Él (Dios) les dará su vestido". Le dicen sus discípulos: "¿Cuándo te manifestarás a nosotros o cuándo te podremos ver?" (Jesús les) Dice: "Cuando se despojen (de sus vestidos) y no sientan vergüenza".

[Laguna]

Decía: "Han ocultado las llaves del Reino; ellos no entraron ni dejaron pasar a los que entraban".

"Pero ustedes sean prudentes como serpientes y sencillos como palomas."

EVANGELIO DE FELIPE

1. Un hebreo hace un hebreo y se [le] nombra de esta manera: "prosélito". Pero un prosélito no hace otro prosélito; [algunos] son como [...] y forman otros; [otros sin embargo] se conforman con llegar a existir.

2. El [esclavo] únicamente aspira a ser libre y no anhela los bienes de su señor; pero el hijo no es sólo hijo, por el contrario reclama para sí la herencia del padre.

3. Aquellos que heredan de los muertos están muertos ellos mismos y son herederos de quienes están muertos. Quienes heredan del que está vivo viven ellos mismos y son herederos de quien está vivo y de quienes están muertos. Los muertos no heredan de nadie, pues ¿cómo va a heredar el que está muerto? Si el muerto hereda de quien está vivo, no morirá, sino que vivirá con mucha mayor razón.

4. Un hombre pagano no muere, pues en realidad nunca ha vivido, para que luego (pueda) morir. El que ha llegado a tener fe en la verdad, ha encontrado la vida y está en riesgo de morir, pues se mantiene vivo.

5. Desde la venida de Cristo, el mundo es creado, las ciudades son adornadas y se retira lo que ha perecido.

6. Cuando éramos hebreos, éramos huérfanos: teníamos (únicamente) a nuestra madre. Pero, al hacernos cristianos surgieron un padre y una madre para nosotros.

7. Los que siembran en invierno, recolectan en verano. El invierno es el mundo; el verano es el otro eón... ¡Sembremos en el mundo para que podamos cosechar en verano! Por eso resulta benéfico para nosotros no hacer oraciones en invierno. Al invierno le sobreviene el verano; pero si uno (se empeña en) cosechar en invierno, no hará cosecha, sino que la destruirá.

8. Así como uno esté, él [no] engendrará fruto —y no sólo [...]—, sino que incluso el siguiente sábado permanecerá [...] estéril.

9. Cristo vino para salvar a algunos, para amparar a otros y redimir a los demás. Él liberó a los extranjeros y los hizo suyos. Él rechazó a los suyos, pignorándolos según su voluntad. Al manifestarse no sólo se desprendió del alma cuando lo deseó, sino que desde el día mismo en que el mundo tuvo su origen, la mantuvo depuesta. Cuando así lo quiso vino a recobrarla, ya que ésta había sido (anteriormente) pignorada: había caído en manos de ladrones y había sido hecha prisionera. Pero Él la liberó, salvando a los buenos que había en el mundo y (también) a los malvados.

10. La luz y la oscuridad, la vida y la muerte, los de la derecha y los de la izquierda son hermanos entre sí, siendo imposible alejar a los unos de los otros. Por esa razón ni los buenos son buenos, ni los malos malos, ni la vida es vida, ni la muerte muerte. Asimismo cada uno vendrá a fundirse en su propio origen desde el principio; pero aquellos que están por encima del mundo son indisolubles y eternos.

11. Los nombres que se otorgan (a las cosas) del mundo son propensos a provocar un gran engaño, pues desvían la atención de lo estable (y la canalizan) hacia lo inestable. De esa manera quien escucha (la palabra) "Dios" no entiende lo estable, sino lo inestable. Lo mismo ocurre con el "Padre", el "Hijo", el "Espíritu Santo", la "Vida", la "Luz", la "Resurrección", la "Iglesia" y tantos otros: no se entienden los (conceptos) estables, sino los inestables, a no ser que (de antemano) se conozcan los primeros. Éstos están en el mundo [...]; si [estuvieran] en el eón, nunca se les nombraría en el mundo ni se les arrojaría entre las cosas terrenales; ellos tienen su final en el eón.

12. Sólo existe un nombre que no se enuncia en el mundo: el nombre que el Padre dio al Hijo. Pues está por encima de todo. Se trata del nombre del Padre, pues el Hijo nunca llegaría a ser Padre si no se hubiera adueñado del nombre del Padre. Quienes poseen este nombre lo entienden, pero no hablan de él; mas los que no están en posesión de él no lo entienden. La verdad ha

creado (innumerables) nombres en este mundo, porque sin ellos es de todo punto imposible aprehenderla. La verdad es (pues) única y múltiple por nuestra causa, para enseñarnos por medio de muchos este (nombre) único por amor.

13. Los Arcontes pretendieron engañar al ser humano, viendo que éste tenía similitud con los realmente buenos: quitaron el nombre a los que son buenos y se lo dieron a los que no son buenos con el objetivo de engañar por medio de los nombres y vincularlos a los que no son buenos. Después —en caso de que quieran hacerles un favor— hacen que se aparten de los que no son buenos y los colocan entre los que son buenos, que ellos (ya) conocían. Pues ellos tratan de secuestrar al que es libre y hacerlo su esclavo para siempre.

14. Hay Potencias que [son] conferidas al ser humano [...], pues no desean que éste [pueda salvarse] para que ellas logren ser [...]; pues si el ser humano [se salva], se hacen sacrificios [...] y se ofrecen animales a las Potencias. [Son a éstas] a quienes se hacen tales ofrendas, (que) cuando son ofrecidas estaban vivas, pero al ser sacrificadas murieron. El ser humano, por su parte, fue ofrecido a Dios estando muerto y vivió.

15. Antes de la venida de Cristo en el mundo no había pan. Lo mismo que en el paraíso —sitio en el que habitaba Adán—, había allí muchos árboles para alimento de los animales, pero no había trigo como alimento para el ser humano. Éste se alimentaba como los animales, pero cuando vino Cristo —el hombre perfecto— trajo pan del Cielo para que el ser humano se nutriera con alimento de humano.

16. Los Arcontes pensaban que por su fuerza y voluntad actuaban como actuaban; pero el Espíritu Santo era el que operaba ocultamente en todo por medio de ellos de acuerdo a su voluntad. Ellos siembran por todas partes la verdad, que existe desde el principio, y muchos la contemplan al ser sembrada; pero pocos de los que la contemplan la cosechan.

17. Algunos afirman que María concibió por obra del Espíritu Santo: pero están equivocados, no saben lo que dicen. ¿Cuándo en la vida ha concebido de mujer una mujer? María es la virgen

a la cual ninguna Potencia ha manchado. Ella es un gran anatema para los judíos, que son los apóstoles y los apostólicos. Esta virgen que ninguna Potencia ha violado, [... mientras que] las Potencias se infectaron. El Señor no [hubiera] dicho: "[Padre mío que estás en] los Cielos", de no haber tenido [otro] padre; sino que simplemente habría dicho: "[Padre mío]".

18. El Señor dijo a los discípulos [...]: "Entren en la casa del Padre, pero no tomen ni se lleven nada de la casa del Padre".

19. "Jesús" es un nombre secreto, "Cristo" es un nombre manifiesto. Por eso "Jesús" no existe en lengua alguna, sino que su nombre es "Jesús", como se le llama comúnmente. "Cristo", sin embargo —por lo que toca a su nombre en siríaco—, es "Mesías" y en griego Cristos. Y todos los demás lo tienen de la misma manera con arreglo a la lengua de cada uno. "El Nazareno" es (el nombre) que está manifiesto en lo oculto.

20. Cristo encierra todo en sí mismo —ya sea "ser humano", ya sea "ángel", ya sea "misterio"—, incluso al Padre.

21. Los que dicen que el Señor primero murió y resucitó, se engañan; pues primero resucitó y (luego) murió. Si uno no consigue primero la resurrección, *no* morirá; (tan verdad como que) Dios vive, éste [morirá].

22. Nadie esconde un objeto grande y precioso en un gran recipiente, sino que muchas veces se guardan tesoros invaluables en un cofre que no vale más de un maravedí. Esto ocurre con el alma: es un objeto precioso (y) ha venido a caer en un cuerpo despreciable.

23. Hay quienes tienen miedo de resucitar desnudos y por eso quieren resucitar en carne: éstos no saben que los que están revestidos de carne son los desnudos. Aquellos que [osan] desnudarse son precisamente [los que] no están desnudos. "Ni la carne [ni la sangre] heredarán el Reino [de Dios]". ¿Cuál es la (carne) que no va a heredar? La que llevamos encima. ¿Y cuál es, por el contrario, la que va a heredar? La (carne) de Jesús y su sangre. Por eso Él dijo: "El que no come mi carne ni bebe mi sangre, no tiene vida en sí". Y ¿qué es esto? Su carne es el *logos* y su sangre es el Espíritu Santo. Quien ha recibido estas cosas tiene alimento, bebida y vestido.

Yo recrimino a los que afirman que (la carne) no va a resucitar, pues ambos yerran. Tú dices que la carne no resucitará. Entonces dime: ¿qué es lo que va a resucitar?, para que podamos hacerte los honores. Tú dices que el espíritu (está) dentro de la carne y que también esta luz está dentro de la carne. Mas el *logos* es eso otro que asimismo está dentro de la carne, pues —cualquiera de las cosas a que te refieras— (nada podrás aducir) que se encuentre fuera del recinto de la carne. Es, pues, necesario resucitar en esta carne, ya que en ella está todo contenido.

24. En este mundo, aquellos que se ponen un vestido valen más que el propio vestido. (Sin embargo) En el reino de los Cielos valen más los vestidos que quienes se los han puesto por agua y fuego, que purifican todo el lugar.

25. Los que están manifiestos (lo son) gracias a los que están manifiestos y los que están ocultos (lo son) por los que están ocultos. Hay quienes (se mantienen) ocultos gracias a los que están manifiestos. Hay agua en el agua y fuego en la unción.

26. Jesús los llevó a todos a escondidas, pues no se manifestó como era (de verdad), sino de manera que pudiera ser visto. Así se apareció [...] a los grandes como grande, a los pequeños como pequeño, a los ángeles como ángel y a las personas como persona. Por ello su *logos* se mantuvo oculto a todos. Algunos lo vieron y creyeron que se veían a sí mismos; mas cuando se manifestó gloriosamente a sus discípulos sobre la montaña, no era pequeño: se había hecho grande e hizo grandes a sus discípulos para que estuvieran en condiciones de verle grande (a Él mismo). Y dijo aquel día en la acción de gracias: "Tú que has unido al perfecto a la luz con el Espíritu Santo, une también a los ángeles con nosotros, con las imágenes".

27. No desprecien al Cordero, pues sin él no es posible ver al Rey. Nadie podrá ponerse en camino hacia el Rey estando desnudo.

28. Más numerosos son los hijos del hombre celestial que los del hombre terrenal. Si los hijos de Adán son numerosos —a pesar de ser mortales—, ¡cuánto más los hijos del hombre perfecto, que no mueren, sino que son engendrados ininterrumpidamente!

29. El padre hace un hijo y el hijo no tiene posibilidad de hacer a su vez un hijo: pues quien ha sido engendrado no puede engendrar por su parte, sino que el hijo se procura hermanos, pero no hijos.

30. Todos los que son engendrados en el mundo son engendrados por la naturaleza, el resto por [el espíritu]. Los que son engendrados por éste [dan gritos] al ser humano desde aquí abajo [para...] de la promesa [...] de arriba.

31. [el que...] por la boca; [si] el *logos* hubiera salido de allí, se alimentaría por la boca y sería perfecto. Los perfectos son fecundados por un beso y engendran. Por eso nos besamos nosotros también unos a otros (y) recibimos la fecundación por la gracia que nos es común.

32. Tres (eran las que) caminaban continuamente con el Señor: su madre María, la hermana de ésta y Magdalena, a quien se designa como su compañera. María es, en efecto, su hermana, su madre y su compañera.

33. "Padre" e "Hijo" son nombres simples; "Espíritu Santo" es un nombre compuesto. Aquéllos se encuentran de hecho en todas partes: arriba, abajo, en lo secreto y en lo manifiesto. El Espíritu Santo está en lo revelado, abajo, en lo secreto, arriba.

34. Las Potencias malignas están al servicio de los santos, después de haber sido reducidas a la ceguera por el Espíritu Santo para que crean que están sirviendo a un hombre, siendo así que están operando en favor de los santos. Por eso —(cuando) un día un discípulo le pidió al Señor una cosa del mundo— Él le dijo: "Pide a tu madre y ella te hará partícipe de las cosas ajenas".

35. Los apóstoles dijeron a los discípulos: "Que toda nuestra ofrenda se procure sal a sí misma". Ellos llamaban "sal" a [la *sofía*], (pues) sin ella ninguna ofrenda [es] aceptable.

36. La *sofía* es estéril, [sin] hijo(s); por eso se la llama [también] "sal". El lugar en que aquéllos [...] a su manera [es] el Espíritu Santo; [por esto (?)] son numerosos sus hijos.

37. Lo que el padre posee le pertenece al hijo, pero mientras éste es pequeño no se le confía lo que es suyo. Cuando se hace hombre, entonces el padre le da todo lo que posee.

38. Cuando los engendrados por el espíritu yerran, yerran también por él. Por la misma razón un idéntico soplo atiza el fuego y lo apaga.

39. Una cosa es "Echamoth" y otra es "Echmoth". Echamoth es la *sofía* por antonomasia, mientras que Echmoth es la *sofía* de la muerte, aquella que conoce la muerte, a la que llaman "*sofía* la pequeña".

40. Hay animales que viven sometidos al ser humano, tales como las vacas, el asno y otros parecidos. Hay otros, sin embargo, que no se someten y viven solos en parajes desiertos. El ser humano ara el campo con animales domesticados y así se alimenta a sí mismo y a los animales, tanto a los que se someten como a los que no se someten. Lo mismo pasa con el hombre perfecto: con (la ayuda de las) Potencias que le son dóciles ara (y) cuida de que todos subsistan. Por esto se mantiene en pie todo el lugar, ya se trate de los buenos, de los malos, de los que están a la derecha o de los que están a la izquierda. El Espíritu Santo apacienta a todos y ejerce su dominio sobre [todas] las Potencias, lo mismo sobre las dóciles que sobre las [indóciles] y solitarias, pues él [...] las recluye para que [...] cuando quieran.

41. [Si Adán] fue creado [...], estarás de acuerdo en que sus hijos son obras nobles. Si él no hubiera sido creado, sino engendrado, estarías también de acuerdo en que su posteridad es noble. Ahora bien, él fue creado y engendró (a su vez). ¡Qué nobleza supone esto!

42. Primero hubo adulterio y luego (vino) el asesino engendrado de adulterio, pues era el hijo de la serpiente. Por ello vino a ser homicida como su padre y mató a su hermano. Ahora bien, toda relación sexual entre seres no semejantes entre sí es adulterio.

43. Dios es tintorero. Así como el buen tinte —que llaman "auténtico"— desaparece (sólo) con las cosas que con él han sido teñidas, lo mismo ocurre con aquellos a quienes Dios ha teñido: puesto que su tinte es imperecedero, gracias a Él resultan ellos mismos inmortales. Ahora bien, Dios bautiza a los que bautiza con agua.

44. Ninguno puede ver a nadie de los que son estables de no

ser que él mismo se asimile a ellos. Con la verdad no ocurre lo mismo que con el ser humano mientras se encuentra en este mundo, que ve el sol sin ser el sol y contempla el cielo y la tierra y todas las demás cosas sin ser ellas mismas. Tú, en cambio, viste algo de aquel lugar y te convertiste en aquellas cosas (que habías visto): viste al espíritu y te hiciste espíritu; [viste a] Cristo y te hiciste Cristo; viste [al Padre] y te harás padre. Por eso tú [aquí] ves todas las cosas y no [te ves] a ti mismo; pero [allí] sí te verás, pues [llegarás a ser] lo que estás viendo.

45. La fe recibe, el amor da. [Nadie puede recibir] sin la fe; nadie puede dar sin amor. Por eso nosotros creemos, para poder recibir; pero para poder dar de verdad (hemos de amar); pues si uno da, pero no por amor, no saca utilidad alguna de lo que ha dado.

46. Aquel que no ha recibido al Señor es todavía un hebreo.

47. Los apóstoles antes de nosotros (le) llamaron así: "Jesús el Nazareno, el Mesías" —que quiere decir—: "Jesús el Nazareno, el Cristo". El último nombre es "el Cristo", el primero "Jesús", el de en medio "el Nazareno". "Mesías" tiene un doble significado: "el Cristo" y "el Medido". "Jesús" en hebreo es la "Redención", "Nazareno" es la "Verdad". "El Nazareno" es, pues, la "Verdad". El Cristo ha sido medido; "el Nazareno" y "Jesús" son los que han sido medidos.

48. Si se arroja la perla a la basura, no por ello pierde su valor. Tampoco se hace más preciosa al ser tratada con ungüento de bálsamo, sino que a los ojos de su propietario conserva siempre su valor. Esto mismo ocurre con los hijos de Dios dondequiera que estén, pues conservan su valor a los ojos del Padre.

49. Si dices: "soy judío", nadie se preocupará; si dices: "soy romano", nadie se inquietará; si dices: "soy griego", "bárbaro", "esclavo" o "libre", nadie se perturbará. [Pero si dices] "soy cristiano", [todo el mundo] se echará a temblar. ¡Ojalá pueda yo [...] este signo que [...] no son capaces de soportar [...] esta denominación!

50. Dios es antropófago, por eso se le [ofrecen] personas [en sacrificio]. Antes de que el ser humano fuera inmolado se inmolaban bestias, pues no eran dioses aquellos a quienes se hacían sacrificios.

51. Tanto las vasijas de vidrio como las de arcilla se construyen a base de fuego. Las de vidrio pueden remodelarse si se rompen, pues ha sido por un soplo por lo que han llegado a ser. Las de arcilla, en cambio —de romperse—, quedan destruidas, pues no ha intervenido ningún soplo en su construcción.

52. Un asno, dando vueltas alrededor de una rueda de molino, caminó cien millas y cuando lo desuncieron se encontraba aún en el mismo lugar. Hay personas que hacen mucho camino sin adelantar un paso en dirección alguna. Al verse sorprendidas por el crepúsculo no han divisado ciudades, ni aldeas, ni creación, ni naturaleza, ni potencia o ángel. ¡En vano se han esforzado las pobres!

53. La Eucaristía es Jesús, pues a éste se le llama en siríaco "Pharisata", que quiere decir "aquel que está extendido". Jesús vino, en efecto, a crucificar al mundo.

54. El Señor fue a la tintorería de Leví, tomó 72 colores y los echó en la tinaja. Luego los sacó todos teñidos de blanco y dijo: "Así es como los ha tomado el hijo <del Hijo> del hombre [...]".

55. La *sofía* —a quien llaman "la estéril"— es la madre de los ángeles; la compañera [de Cristo es María] Magdalena. [El Señor amaba a María] más que a [todos] los discípulos (y) la besó en la [boca repetidas] veces. Los demás [...] le dijeron: "¿Por qué [la quieres] más que a todos nosotros?" El Salvador respondió y les dijo: "¿A qué se debe el que no los quiera a ustedes tanto como a ella?".

56. Un ciego y un vidente —si ambos se encuentran a oscuras— no se distinguen uno de otro; mas cuando llegue la luz, el vidente verá la luz, mientras que el ciego permanecerá en la oscuridad.

57. Dijo el Señor: "Bienaventurado es el que existe antes de llegar a ser, pues el que existe existía y existirá".

58. La superioridad del ser humano no es patente, sino oculta. Por eso domina a las bestias que son más fuertes que él y de gran tamaño —tanto en apariencia como realmente— y les proporciona su sustento. Mas cuando se separa de ellas, éstas se matan unas a otras y se muerden hasta devorarse mutuamente

por no hallar qué comer. Mas ahora —una vez que el ser humano ha trabajado la tierra— han encontrado su sustento.

59. Si alguien —después de bajar a las aguas— sale de ellas sin haber recibido nada y dice "soy cristiano", este nombre lo ha recibido (sólo) en préstamo. Mas si recibe al Espíritu Santo, queda en posesión de (dicho) nombre a título de donación. A quien ha recibido un regalo nadie se lo quita, pero a quien se le da un préstamo, se le reclama.

60. Lo mismo ocurre cuando uno ha sido [...] en un misterio. El misterio del matrimonio [es] grande, pues [sin él] el mundo no existiría. La consistencia [del mundo depende del ser humano], la consistencia [del ser humano depende del] matrimonio. Reparen en la unión [sin mancha], pues tiene [un gran] poder. Su imagen radica en la polución [corporal].

61. Entre los espíritus impuros los hay machos y hembras. Los machos son aquellos que copulan con las almas que están alojadas en una figura femenina. Las hembras, al contrario, son aquellas que se encuentran unidas con los que están alojados en una figura masculina por culpa de un desobediente. Y nadie podrá huir de estos (espíritus) si se apoderan de uno, de no ser que se esté dotado simultáneamente de una fuerza masculina y de otra femenina —esto es, esposo y esposa— provenientes de la cámara nupcial en imagen. Cuando las mujeres necias descubren a un hombre solitario se lanzan sobre él, bromean con él (y) lo manchan. Lo mismo ocurre con los hombres necios: si descubren a una mujer hermosa que vive sola, procuran insinuarse e incluso forzarla con el fin de violarla. Pero si ven que hombre y mujer viven juntos, ni las hembras podrán acercarse al macho ni los machos a la hembra. Lo mismo ocurre si la imagen y el ángel están unidos entre sí: tampoco se atreverá nadie a acercarse al hombre o a la mujer.

Aquel que sale del mundo no puede caer preso por la sencilla razón de que (ya) estuvo en el mundo. Está claro que éste es superior a la concupiscencia [...y al] miedo; es señor de sus [...] y más frecuente que los celos. Mas si [se trata de...], lo prenden y lo sofocan, y ¿cómo podrá [éste] huir de [...] y estar en condi-

ciones de [...]? [Con frecuencia vienen] algunos [y dicen:] "Nosotros somos creyentes" (a fin de escapar de... y) demonios. Si
éstos hubieran estado en posesión del Espíritu Santo, no se les
habría adherido ningún espíritu inmundo.

62. No tengas miedo de la carne ni la ames: si la temes se
enseñoreará de ti, si la amas te devorará y te entumecerá.

63. O se está en este mundo o en la resurrección o en lugares
intermedios. ¡Quiera Dios que a mí no me encuentren en éstos!
En este mundo hay cosas buenas y cosas malas: las cosas buenas
no son las buenas y las malas no son las malas. Pero hay algo
malo después de este mundo que es en verdad malo y que llaman
el "Intermedio", es decir, la muerte. Mientras estamos en este
mundo es conveniente que nos esforcemos por conseguir la resurrección para que —una vez que depongamos la carne— nos
hallemos en el descanso y no tengamos que ir errando en el
"Intermedio". Muchos de hecho yerran el camino. Es, pues, conveniente salir del mundo antes de que el hombre haya pecado.

64. Algunos ni quieren ni pueden, otros —aunque quieran—
no les sirve de nada, por no haber obrado. De manera que un
(simple) "querer" los hace pecadores, lo mismo que un "no querer". La justicia se esconderá de ambos. El "querer" [es...], el
"obrar" no.

65. Un discípulo de los apóstoles vio en una visión algunas
(personas) encerradas en una casa en llamas, encadenadas [con
grillos] de fuego y arrojadas [en un mar] de fuego. [Y decían...]
agua sobre [...]. Mas (éstos) replicaban que —muy en contra de
su voluntad— [no] estaban en condiciones de salvar(las). Ellos
recibieron [la muerte como] castigo, aquella que llaman "tiniebla [exterior]" por [tener su origen] en el agua y en el fuego.

66. El [alma] y el espíritu han llegado a la existencia partiendo de agua, fuego y luz (por mediación) del hijo de la cámara
nupcial. El fuego es la unción, la luz es el fuego; no estoy hablando de este fuego que no posee forma alguna, sino del otro cuya
forma es de color blanco, que es refulgente y hermoso e irradia
(a su vez) hermosura.

67. La verdad no ha venido desnuda a este mundo, sino

envuelta en símbolos e imágenes, ya que éste no podrá recibirla de otra manera. Hay una regeneración y una imagen de regeneración. Es en verdad necesario que se renazca por medio de la imagen. ¿Qué es la resurrección? Es preciso que la imagen resucite por la imagen; es preciso que la cámara nupcial y la imagen por medio de la imagen entren en la verdad que es la restauración final. Es conveniente (todo esto) para aquellos que no sólo reciben, sino que han hecho suyo por méritos propios el nombre del Padre y del Hijo y del Espíritu Santo. Si uno no los obtiene por sí mismo, aun el mismo nombre le será arrebatado. Ahora bien, estos nombres se confieren en la unción con el bálsamo de la fuerza [...] que los apóstoles llamaban "la derecha" y "la izquierda". Pues bien, uno así no es ya un (simple) cristiano sino un Cristo.

68. El Señor [realizó] todo en un misterio: un bautismo, una unción, una eucaristía, una redención y una cámara nupcial.

69. [El Señor] dijo: "Yo he venido a hacer [las cosas inferiores] como las superiores [y las externas] como las [internas, para unirlas] a todas en el lugar". [Él se manifestó aquí] a través de símbolos [...]. Aquellos, pues, que dicen: "[...] hay quien está encima [...]", se equivocan, [pues] el que se manifiesta [...] es el que llaman "de abajo" y el que posee lo oculto está encima de él. Con razón, pues, se habla de la "parte interior" y de "la exterior" y de "la que está fuera de la exterior". Y así denominaba el Señor a la perdición "tiniebla exterior, fuera de la cual no hay nada". Él dijo: "Mi Padre que está escondido"; y también: "Entra en tu habitación, cierra la puerta y haz oración a tu Padre que está en lo escondido", esto es, "el que está en el interior de todos ellos". Ahora bien, lo que está dentro de ellos es el *pleroma*: más interior que él no hay nada. Éste es precisamente aquel de quien se dice: "está por encima de ellos".

70. Antes de Cristo salieron algunos del lugar donde no habían de volver a entrar y entraron en el lugar de donde no habían de volver a salir. Pero Cristo, con su venida, sacó fuera a aquellos que habían entrado y metió dentro a aquellos que habían salido.

71. Mientras Eva estaba [dentro de Adán] no existía la muerte, mas cuando se separó [de él] sobrevino la muerte. Cuando ésta retorne y él la acepte, dejará de existir la muerte.
72. "¡Dios mío! ¡Dios mío! ¿Por qué, Señor, me has abandonado?" Esto dijo Él sobre la cruz después de separar este lugar [de todo lo que] había sido engendrado por [...] a través de Dios. [El Señor resucitó] de entre los muertos [...]. Mas [su cuerpo] era perfecto: [tenía sí] una carne, pero ésta [era una carne] de verdad. [Nuestra carne al contrario] no es auténtica, [sino] una imagen de la verdadera.
73. La cámara nupcial no está hecha para las bestias, ni para los esclavos, ni para las mujeres mancilladas, sino para los hombres libres y para las vírgenes.
74. Nosotros somos —es verdad— engendrados por el Espíritu Santo, pero reengendrados por Cristo. En ambos (casos) somos asimismo ungidos por el espíritu, y —al ser engendrados— hemos sido también unidos.
75. Sin luz nadie podrá contemplarse a sí mismo, ni en una superficie de agua ni en un espejo; pero si no tienes agua o espejo —aun teniendo luz—, tampoco podrás contemplarte. Por ello es preciso bautizarse con dos cosas: con la luz y con el agua. Ahora bien, la luz es la unción.
76. Tres eran los lugares en que se hacían ofrendas en Jerusalén: uno que se abría hacia el Poniente, llamado el "Santo"; otro abierto hacia el Mediodía, llamado el "Santo del Santo", y el tercero abierto hacia el Oriente, llamado el "Santo de los Santos", donde sólo podía entrar el Sumo Sacerdote. El bautismo es el "Santo", [la redención] es el "Santo del Santo", mientras que la cámara nupcial es el "[Santo] de los Santos". [El bautismo] trae consigo la resurrección [y la] redención, mientras que ésta se realiza en la cámara nupcial. Mas la cámara nupcial se encuentra en la cúspide [de...]. Tú no serás capaz de encontrar [...] aquellos que hacen oración [...] Jerusalén [...] Jerusalén [...]. Jerusalén [...] llamada "Santo de los Santos" [...] el velo [...] la cámara nupcial, sino la imagen [...]. Su velo se rasgó de arriba abajo, pues era preciso que algunos subieran de abajo arriba.

77. Aquellos que se han vestido de la luz perfecta no pueden ser vistos por las Potencias ni detenidos por ellas. Ahora bien, uno puede revestirse de esta luz en el sacramento, en la unión.

78. Si la mujer no se hubiera separado del hombre, no habría muerto con él. Su separación vino a ser el comienzo de la muerte. Por eso vino Cristo, para anular la separación que existía desde el principio, para unir a ambos y para dar la vida a aquellos que habían muerto en la separación y unirlos de nuevo.

79. Pues bien, la mujer se une con su marido en la cámara nupcial y todos aquellos que se han unido en dicha cámara no volverán a separarse. Por eso se separó Eva de Adán, porque no se había unido con él en la cámara nupcial.

80. El alma de Adán llegó a la existencia por un soplo. Su cónyuge es el [espíritu; el espíritu] que le fue dado es su madre [y con] el alma le fue otorgado [...] en su lugar. Al unirse [pronunció] unas palabras que son superiores a las Potencias. Éstas le tomaron envidia [...] unión espiritual [...].

81. Jesús manifestó [su gloria en el] Jordán. La plenitud del Reino de los Cielos, que [preexistía] al Todo, nació allí de nuevo. El que antes [había sido] ungido, fue ungido de nuevo. El que había sido redimido, redimió a su vez.

82. Digamos —si es permitido— un secreto: el Padre del Todo se unió con la virgen que había descendido y un fuego lo iluminó aquel día. Él dio a conocer la gran cámara nupcial, y por eso su cuerpo —que tuvo origen aquel día— salió de la cámara nupcial como uno que ha sido engendrado por el esposo y la esposa. Y asimismo gracias a éstos enderezó Jesús el Todo en ella, siendo preciso que todos y cada uno de sus discípulos entren en su lugar de reposo.

83. Adán debe su origen a dos vírgenes: esto es, al Espíritu y a la Tierra Virgen. Por eso nació Cristo de una Virgen, para reparar la caída que tuvo lugar al principio.

84. Dos árboles hay en el [centro del] paraíso: el uno produce [animales] y el otro, humanos. Adán [comió] del árbol que producía animales y se convirtió él mismo en animal y engendró animales. Por eso adoran los [hijos] de Adán [a los animales]. El

árbol [cuyo] fruto [comió Adán] es [el árbol del conocimiento]. [Por] eso se multiplicaron [los pecados]. [Si él hubiera] comido [el fruto del otro árbol, es decir, el] fruto del [árbol de la vida que] produce hombres, [entonces adorarían los dioses] al hombre. Dios hizo [al hombre y] el hombre hizo a Dios.

85. Así ocurre también en el mundo: los [seres humanos] elaboran dioses y adoran la obra de sus manos. Sería conveniente que fueran más bien los dioses los que venerasen a los seres humanos como corresponde a la verdad.

86. Las obras del hombre provienen de su potencia; por eso se les llama las "Potencias". Obras suyas son asimismo sus hijos, provenientes de un reposo. Por eso radica su potencia en sus obras, mientras que el reposo se manifiesta en los hijos. Y estarás de acuerdo en que esto atañe hasta la (misma) imagen. Así, pues, aquél es un hombre modelo, que realiza sus obras por su fuerza, pero engendra sus hijos en el reposo.

87. En este mundo los esclavos sirven a los libres; en el Reino de los Cielos servirán los libres a los esclavos (y) los hijos de la cámara nupcial a los hijos del matrimonio. Los hijos de la cámara nupcial tienen un nombre [...]. El reposo [es común] a entrambos: no tienen necesidad de [...].

88. La contemplación [...].

89. [... Cristo] bajó al agua [...] para redimirle; [...] aquellos que Él ha [...] por su nombre. Pues Él dijo: "[Es conveniente] que cumplamos todo aquello que es justo".

90. Los que afirman: "Primero hay que morir y (luego) resucitar", se engañan. Si uno no recibe primero la resurrección en vida, tampoco recibirá nada al morir. En estos términos se expresan también acerca del bautismo, diciendo: "Gran cosa es el bautismo, pues quien lo recibe, vivirá".

91. El apóstol Felipe dijo: "José el carpintero plantó un vivero, pues necesitaba madera para su oficio. Él fue quien construyó la cruz con los árboles que había plantado. Su semilla quedó colgada de lo que había plantado. Su semilla era Jesús, y la cruz el árbol".

92. Pero el árbol de la vida está en el centro del paraíso y tam-

bién el olivo, del que procede el óleo, gracias al cual (nos ha llegado) la resurrección.

93. Este mundo es necrófago: todo lo que en él se come [se ama también]. La verdad, en cambio, se nutre de la vida (misma), [por eso] ninguno de los que [de ella] se alimentan morirá. Jesús vino [del otro] lado y trajo alimento [de allí]. A los que lo deseaban dio Él [vida para que] no murieran.

94. [Dios plantó un] paraíso; el hombre [vivió en el] paraíso [...]. Este paraíso [es el lugar donde] se me dirá: "[Hombre, come de] esto o no comas [de esto, según tu] antojo". Éste es el lugar donde yo comeré de todo, ya que allí se encuentra el árbol del conocimiento. Éste causó (allí) la muerte de Adán y dio, en cambio, aquí vida a los hombres. La ley era el árbol: éste tiene la propiedad de facilitar el conocimiento del bien y del mal, pero ni le alejó (al hombre) del mal ni le confirmó en el bien, sino que trajo consigo la muerte a todos aquellos que de él comieron; pues al decir: "Coman esto, no coman esto", se transformó en principio de la muerte.

95. La unción es superior al bautismo, pues es por la unción por la que hemos recibido el nombre de cristianos, no por el bautismo. También a Cristo se le llamó (así) por la unción, pues el Padre ungió al Hijo, el Hijo a los apóstoles y éstos nos ungieron a nosotros. El que ha recibido la unción está en posesión del Todo: de la resurrección, de la luz, de la cruz y del Espíritu Santo. El Padre le otorgó todo esto en la cámara nupcial, Él (lo) recibió.

96. El Padre puso su morada en el [Hijo] y el Hijo en el Padre: esto es [el] Reino de los Cielos.

97. Con razón dijo el Señor: "Algunos entraron sonriendo en el Reino de los Cielos y salieron [...]". Un cristiano [...] e inmediatamente [descendió] al agua y subió [siendo señor del] Todo; [no] porque era una broma, sino [porque] despreciaba esto [como indigno del] Reino de [los Cielos]. Si [lo] desprecia y lo toma a broma, [saldrá de allí] riendo.

98. Lo mismo ocurre con el pan, el cáliz y el óleo, si bien hay otro (misterio) que es superior a esto.

99. El mundo fue creado por culpa de una transgresión, pues el que lo creó quería hacerlo imperecedero e inmortal, pero cayó

y no pudo realizar sus aspiraciones. De hecho no había incorruptibilidad ni para el mundo ni para quien lo había creado, ya que incorruptibles no son las cosas, sino los hijos, y ninguna cosa podrá ser perdurable de no ser que se haga hijo, pues ¿cómo podrá dar el que no está en disposición de recibir?

100. El cáliz de la oración contiene vino y agua, ya que sirve de símbolo de la sangre, sobre la que se hace la acción de gracias. Está lleno del Espíritu Santo y pertenece al hombre enteramente perfecto. Al beberlo haremos nuestro al hombre perfecto.

101. El agua es un cuerpo. Es preciso que nos revistamos del hombre viviente: por eso, cuando uno se dispone a descender al agua, ha de desnudarse para poder revestirse de éste.

102. Un caballo engendra un caballo, un hombre engendra un hombre y un dios engendra un dios. Lo mismo ocurre con el esposo y [la esposa: sus hijos] tuvieron su origen en la cámara nupcial. No hubo judíos [que descendieran] de griegos [mientras] estaba en vigor [la Ley. Nosotros, en cambio, descendemos de] judíos [a pesar de ser] cristianos [...]. Éstos fueron llamados [...] "pueblo escogido" de [...] y "hombre verdadero" e "Hijo del hombre" y "simiente del Hijo del hombre". Ésta es la que llaman en el mundo "la raza auténtica".

103. Éstos son el lugar donde se encuentran los hijos de la cámara nupcial. La unión está constituida en este mundo por hombre y mujer, aposento de la fuerza y de la debilidad; en el otro mundo la forma de la unión es muy distinta.

104. Nosotros los denominamos así, pero hay otras denominaciones superiores a cualquiera de los nombres que pueda dárseles y superiores a la violencia (misma). Pues allí donde hay violencia hay quienes valen más que la violencia. Los de allí no son el uno y el otro, sino que ambos son uno mismo. El de aquí es aquel que nunca podrá sobrepasar el sentido carnal.

105. No es preciso que todos los que se encuentran en posesión del Todo se conozcan a sí mismos enteramente. Algunos de los que no se conocen a sí mismos no gozarán, es verdad, de las cosas que poseen. Mas los que hayan alcanzado el propio conocimiento, éstos sí que gozarán de ellas.

106. El hombre perfecto no sólo no podrá ser retenido, sino que ni siquiera podrá ser visto, pues si lo vieran, lo retendrían. Nadie estará en condiciones de conseguir de otra manera esta gracia, de [no] ser que se revista de la luz perfecta y [se convierta en hombre] perfecto. Todo aquel que [se haya revestido de ella] caminará [...]: ésta es la [luz] perfecta.

107. [Es preciso] que nos hagamos [hombres perfectos] antes de que salgamos [del mundo]. Quien ha recibido el Todo [sin ser señor] de estos lugares [no] podrá [dominar en] aquel lugar, sino que [irá a parar al lugar] intermedio como imperfecto. Sólo Jesús conoce el fin de éste.

108. El hombre santo lo es enteramente, incluso en lo que afecta a su cuerpo, puesto que si al recibir el pan él lo santifica —lo mismo que el cáliz o cualquiera otra cosa que recibe, él lo santifica—, ¿cómo no va a hacer santo también el cuerpo?

109. De la misma manera que Jesús (ha hecho) perfecta el agua del bautismo, asimismo ha liquidado la muerte. Por eso nosotros descendemos —es verdad— hasta el agua, pero no bajamos hasta la muerte, para no quedar anegados en el espíritu del mundo. Cuando éste sopla hace sobrevenir el invierno, mas cuando es el Espíritu Santo el que sopla se hace verano.

110. Quien posee el conocimiento de la verdad es libre; ahora bien, el que es libre no peca, pues quien peca es esclavo del pecado. La madre es la verdad, mientras que el conocimiento es el padre. Aquellos a quienes no está permitido pecar, el mundo los llama libres. Aquellos a quienes no está permitido pecar, el conocimiento de la verdad eleva sus corazones, esto es, los hace libres y los pone por encima de todo el lugar. El amor, por su parte, edifica, mas el que ha sido hecho libre por el conocimiento hace de esclavo por amor hacia aquellos que todavía no llegaron a recibir la libertad del conocimiento; luego éste los capacita para hacerse libres. [El] amor [no se apropia de] nada, pues ¿cómo [va a apropiarse algo, si todo] le pertenece? No [dice "Esto es mío"] o "Aquello me pertenece a mí", [sino que dice "Esto es] tuyo".

111. El amor espiritual es vino y bálsamo. De él gozan los que se dejan ungir con él, pero también aquellos que son ajenos a

éstos, con tal de que los ungidos continúen (a su lado). En el momento en que los que fueron ungidos con bálsamo dejan de (ungirse) y se marchan, quedan despidiendo de nuevo mal olor los no ungidos que tan sólo estaban junto a ellos. El samaritano no proporcionó al herido más que vino y aceite. Esto no es otra cosa que la unción. Y (así) curó las heridas, pues el amor cubre multitud de pecados.

112. Los (hijos) que da a luz una mujer se parecen a aquel que ama a ésta. Si se trata de su marido, se parecen al marido; si se trata de un adúltero, se parecen al adúltero. Sucede también con frecuencia que cuando una mujer se acuesta por necesidad con su marido —mientras su corazón está al lado del adúltero, con quien mantiene relaciones— da a luz lo que tiene que dar a luz manteniendo su parecido con el amante. Mas ustedes, que están en compañía del Hijo de Dios, no amen al mundo, sino al Señor, de manera que aquellos que vayan a engendrar no se parezcan al mundo, sino al Señor.

113. El hombre copula con el hombre, el caballo con el caballo, el asno con el asno: las especies copulan con sus congéneres. De esta misma manera se une el espíritu con el espíritu, el *logos* con el *logos* [y la luz con la luz. Si tú] te haces hombre, [es el hombre el que te] amará; si te haces [espíritu], es el espíritu el que se unirá contigo; si te haces *logos*, es el *logos* el que se unirá contigo; si te haces luz, es la luz la que se unirá contigo; si te haces como uno de los de arriba, son los de arriba los que vendrán a reposar sobre ti; si te haces caballo, asno, vaca, perro, oveja u otro cualquiera de los animales que están afuera y que están abajo, no podrás ser amado ni por el hombre, ni por el espíritu, ni por el *logos*, ni por la luz, ni por los de arriba, ni por los del interior. Éstos no podrán venir a reposar dentro de ti y tú no formarás parte de ellos.

114. El que es esclavo contra su voluntad podrá llegar a ser libre. El que después de haber alcanzado la libertad por gracia de su señor se ha vendido a sí mismo nuevamente como esclavo, no podrá volver a ser libre.

115. La agricultura de (este) mundo está basada en cuatro elementos: se recolecta partiendo de agua, tierra, viento y luz.

Asimismo la economía de Dios depende de cuatro (elementos): fe, esperanza, amor y conocimiento. Nuestra tierra es la fe, en la que echamos raíces; el agua es la esperanza, por la que [nos alimentamos]; el viento es el amor, por [el que] crecemos; la luz [es] el conocimiento, por el que [maduramos].

116. La gracia es [...]; el labrador son [...] por encima del cielo. Bienaventurado es el que no ha atribulado a un alma. Éste es Jesucristo. Él vino al encuentro de todo el lugar sin pesar a nadie. Por eso dichoso es el que es así, pues es un hombre perfecto, ya que éste (es) el *logos*.

117. Preguntémonos acerca de él, pues es difícil enderezarlo. ¿Cómo vamos a ser capaces de realizar esta gran obra?

118. ¿Cómo va a conceder el descanso a todos? Ante todo no se debe causar tristeza a nadie, sea grande o pequeño, no creyente o creyente. Luego hay que proporcionar descanso a aquellos que reposan en el bien. Hay personas a quienes aprovecha proporcionar descanso al hombre de bien. Al que practica el bien no le es posible proporcionar a éstos descanso, pues no está en su mano, pero tampoco le es posible causar tristeza, al no dar ocasión a que ellos sufran angustia. Pero una persona de bien les causa a veces aflicción. Y no es que él lo haga adrede, sino que es su propia maldad la que los aflige. El que dispone de la naturaleza (adecuada) causa gozo al que es bueno, pero algunos se afligen a causa de esto en extremo.

119. Un amo de casa se proveyó de todo: hijos, esclavos, [ganado], perros, cerdos, trigo, cebada, paja, heno, [huesos], carne y bellotas. Era inteligente y conocía el alimento (adecuado) para cada cual. A los hijos les ofreció pan, [aceite y carne]; a los esclavos les ofreció aceite de ricino [y] trigo; a los animales [les echó], paja y heno; [a los] perros les echó huesos; [a los cerdos] les echó bellotas y [restos de] pan. Lo mismo ocurre con el discípulo de Dios: si es inteligente, comprende lo que es ser discípulo. Las formas corporales no serán capaces de engañarle, sino que se fijará en la disposición del alma de cada cual y (así) hablará con él. Hay muchos animales en el mundo que tienen forma humana. Si es capaz de reconocerlos, echará bellotas a los cerdos, mientras

que al ganado le echará cebada, paja y heno; a los perros les echará huesos, a los esclavos les dará (alimentos) rudimentarios, y a los hijos lo perfecto.

120. Hay un Hijo del hombre y hay un hijo del Hijo del hombre. El Señor es el Hijo del hombre, y el hijo del Hijo del hombre es aquel que fue hecho por el Hijo del hombre. El Hijo del hombre recibió de Dios la facultad de crear, él tiene (también) la de engendrar.

121. Quien ha recibido la facultad de crear es una criatura, quien ha recibido la de engendrar es un engendrado. Quien crea no puede engendrar, quien engendra puede crear. Suele decirse: "Quien crea engendra", pero lo que engendra es una criatura. Por [eso] los que han sido engendrados por él no son sus hijos, sino [...]. El que crea, actúa [visiblemente] y él mismo es [visible]. El que engendra, [actúa ocultamente] y él mismo permanece oculto: [...] la imagen. El que crea [lo hace] abiertamente, mas el que engendra [engendra] hijos ocultamente.

122. [Nadie podrá] saber nunca cuál es [el día en que el hombre] y la mujer copulan —fuera de ellos mismos—, ya que las nupcias de (este) mundo son un misterio para aquellos que han tomado mujer. Y si el matrimonio de la polución permanece oculto, ¿cuánto más constituirá el matrimonio impoluto un verdadero misterio? Éste no es carnal, sino puro; no pertenece a la pasión, sino a la voluntad; no pertenece a las tinieblas o a la noche, sino al día y a la luz. Si la unión matrimonial se efectúa al descubierto, queda reducida a un acto de fornicación. No sólo cuando la esposa recibe el semen de otro hombre, sino también cuando abandona su dormitorio a la vista (de otros), comete un acto de fornicación. Sólo le está permitido exhibirse a su propio padre, a su madre, al amigo del esposo y a los hijos del esposo. Éstos pueden entrar todos los días en la cámara nupcial. Los demás, que se contenten con el deseo aunque sólo sea de escuchar su voz y de gozar de su perfume y de alimentarse de los desperdicios que caen de la mesa como los perros. Esposos y esposas pertenecen a la cámara nupcial. Nadie podrá ver al esposo y a la esposa a no ser que [él mismo] llegue a serlo.

123. Cuando a Abrahán [le fue dado] ver lo que hubo de ver, circuncidó la carne del prepucio enseñándonos (con ello) que es necesario destruir la carne [...] del mundo. Mientras sus [pasiones están escondidas] persisten y continúan viviendo, [mas si salen a la luz] perecen [a ejemplo] del hombre visible. [Mientras] las entrañas del hombre están escondidas, está vivo el hombre; si las entrañas aparecen por fuera y salen de él, morirá el hombre. Lo mismo ocurre con el árbol: mientras su raíz está oculta, echa retoños y (se desarrolla), mas cuando su raíz se deja ver por fuera, el árbol se seca. Lo mismo ocurre con cualquier cosa que ha llegado a ser en (este) mundo, no sólo con lo manifiesto, sino también con lo oculto: mientras la raíz del mal está oculta, éste se mantiene fuerte; pero nada más ser descubierta, se desintegra y —no bien se ha manifestado— se desvanece. Por eso dice el *logos*: "Ya está puesta el hacha a la raíz de los árboles". Éste no podará, (pues) lo que se poda brota de nuevo, sino que cava(rá) hasta el fondo, hasta sacar la raíz. Mas Jesús ha arrancado de cuajo la raíz de todo el lugar, mientras que otros (lo han hecho únicamente) en parte.

Por lo que se refiere a nosotros, todos y cada uno debemos socavar la raíz del mal que está en cada cual y arrancar(la) enteramente del corazón. (El mal) lo erradicamos cuando lo reconocemos, pero si no nos damos cuenta de él echa raíces en nosotros y produce sus frutos en nuestro corazón; se enseñorea de nosotros y nos hacemos sus esclavos; nos tiene cogidos en su garra para que hagamos aquello que [no] queremos y [omitamos] aquello que queremos; es poderoso porque no lo hemos reconocido y mientras [está allí] sigue actuando. La [ignorancia] es la madre del [...]; la ignorancia [está al servicio de...]; lo que proviene [de ella] ni existía, ni [existe], ni existirá. [Mas aquellos que vienen de la verdad (?)] alcanzarán su perfección cuando toda la verdad se manifieste. La verdad es como la ignorancia: si está escondida, descansa en sí misma; pero si se manifiesta y se le reconoce, es objeto de alabanza porque es más fuerte que la ignorancia y que el error. Ella da la libertad. Ya dijo el *logos*: "Si reconocen la verdad, la verdad los hará libres". La ignorancia es esclavitud, el conocimiento es libertad. Si reconocemos la verdad, encontraremos los frutos de la verdad en nosotros mismos; si nos unimos a ella, nos traerá la plenitud.

124. Ahora estamos en posesión de lo que es manifiesto dentro de la creación y decimos: "Esto es lo sólido y codiciable, mientras que lo oculto es débil y digno de desprecio". Así ocurre con el elemento manifiesto de la verdad, que es débil y despreciable, mientras que lo oculto es lo sólido y digno de aprecio. Manifiestos están los misterios de la verdad a manera de modelos e imágenes, mientras que la cámara nupcial —que es el Santo dentro del Santo— permanece oculta.

125. El velo mantenía oculta en un principio la manera como Dios gobernaba la creación; pero cuando se rasgue y aparezca lo del interior, quedará desierta esta casa o más bien será destruida. Mas la divinidad en su conjunto no huirá [de] estos lugares (para irse) al Santo de los Santos, pues no podrá unirse con la [luz acrisolada] ni con el *pleroma* sin [mancha]. Ella [se refugiará] más bien bajo las alas de la cruz [y bajo sus] brazos. El arca [les] servirá de salvación cuando el diluvio de agua irrumpa sobre ellos.

Los que pertenezcan al linaje sacerdotal podrán penetrar en la parte interior del velo con el Sumo Sacerdote. Por eso se rasgó aquél no sólo por la parte superior, pues (si no) sólo se habría abierto para los que estaban arriba; ni tampoco se rasgó únicamente por la parte inferior, pues (si no) sólo se habría mostrado a los que estaban abajo. Sino que se rasgó de arriba abajo. Las cosas de arriba nos quedaron patentes a nosotros que estamos abajo, para que podamos penetrar en lo recóndito de la verdad. Esto es realmente lo apreciable, lo sólido. Pero nosotros hemos de entrar allí por medio de debilidades y de símbolos despreciables, pues no tienen valor alguno frente a la gloria perfecta. Hay una gloria por encima de la gloria y un poder por encima del poder. Por eso nos ha sido hecho patente lo perfecto y el secreto de la verdad. Y el Santo de los Santos se (nos) ha manifestado y la cámara nupcial nos ha invitado a entrar.

Mientras esto permanece oculto, la maldad está neutralizada, pero no ha sido expulsada de la simiente del Espíritu Santo, (por lo que) ellos siguen siendo esclavos de la maldad. Mas cuando esto se manifieste, entonces se derramará la luz perfecta sobre todos y todos los que se encuentran en ella [recibirán] la unción. Entonces quedarán libres los esclavos y los cautivos serán redimidos.

126. [Toda] planta que [no] haya plantado mi Padre que está en los Cielos [será] arrancada. Los separados serán unidos [y] colmados. Todos los que [entren] en la cámara nupcial irradiarán [luz], pues ellos [no] engendran como los matrimonios que [...] actúan en la noche. El fuego [brilla] en la noche (y) se apaga, pero los misterios de esta bodas se desarrollan de día y (a plena) luz. Este día y su fulgor no tienen ocaso.

127. Si uno se hace hijo de la cámara nupcial, recibirá la luz. Si uno no la recibe mientras se encuentra en estos parajes, tampoco la recibirá en el otro lugar. Si uno recibe dicha luz, no podrá ser visto ni detenido, y nadie podrá molestar a alguien de esta índole mientras viva en este mundo, e incluso, cuando haya salido de él, (pues) ya ha recibido la verdad en imágenes. El mundo se ha convertido en eón, pues el eón es para él plenitud, y lo es de esta forma: manifestándose a él exclusivamente, no escondido en las tinieblas y en la noche, sino oculto en un día perfecto y en una luz santa.

EVANGELIO DE MARÍA MAGDALENA

(Fragmento griego)

"... lo que queda del camino, de la medida justa, del tiempo, del siglo, descanso en silencio". Cuando hubo dicho esto, María calló, como si el Salvador le hubiera hablado (sólo) hasta aquí. Entonces Andrés dice: "Hermanos, ¿qué les parece lo dicho? Pues yo, por mi parte, no creo que haya dicho esto el Salvador, pues parecía no estar de acuerdo con su pensamiento". Pedro dice: "¿Pero es que, cuestionado el Señor acerca de estos temas, iba a hablar a una mujer ocultamente y en secreto para que todos (la) escucháramos? ¿Acaso iba a querer presentarla como más digna que nosotros?"

[Laguna]

... del Salvador?". Leví dice a Pedro: "Siempre tienes la ira a tu lado, y ahora mismo discutes con la mujer enfrentándote a ella. Si el Salvador la ha considerado digna, ¿quién eres tú para repudiarla? De cualquier manera, Él, al verla, sin duda la ha amado. Avergoncémonos más bien, y, revestidos del hombre perfecto, cumplamos aquello que nos fue encomendado. Prediquemos el evangelio sin restringir ni imponer, (sino) como el Salvador dijo". Una vez que Leví hubo acabado de pronunciar estas palabras, se marchó y se comenzó a predicar el evangelio según María.

Fragmento copto berolinense

[Faltan las páginas 1-6] *Palabras de Jesús*

La materia y el mundo
Pág. 7. [...] entonces, ¿la materia será destruida o no?" El Salvador dijo: "Todas las naturalezas, todas las producciones y todas las criaturas se hallan relacionadas entre sí, y se disolverán nuevamente en su propia raíz, ya que la naturaleza de la materia se disuelve solamente en lo que pertenece a su esencia. Quién tenga oídos para escuchar, que escuche".

La materia y el pecado
Pedro le dijo: "Dado que nos has explicado todo, explícanos esto también: ¿cuál es el pecado del mundo?" El Salvador dijo: "No existe pecado, no obstante ustedes cometen pecado cuando practican las obras de la naturaleza del adulterio denominada 'pecado'. Por eso el bien vino entre ustedes, hacia lo que es propio de toda naturaleza, para reintegrarla a su raíz".

Todavía continuó y dijo: "Por eso se enferman y mueren, puesto que *pág. 8.* [practican lo que los extravía. Que quien pueda entender que] entienda. [La materia engendró] una pasión carente de la semejanza, puesto que surgió de un acto contra *natura*. Así se produce un trastorno en todo el cuerpo. Por esto les dije: 'Permanezcan en armonía (con la naturaleza), y si no están en armonía, sí que están en armonía frente a las diversas semejanzas de la naturaleza'. Quien tenga oídos para escuchar, que escuche".

Últimos preceptos
Después de decir todo esto, el Bienaventurado se despidió de todos ellos diciendo: "La paz sea con ustedes, que mi paz florezca entre ustedes. Estén atentos para que nadie los desoriente diciendo: 'Helo aquí, helo aquí'; pues el hijo del hombre está dentro de ustedes, síganlo. Quienes lo busquen lo encontrarán. Vayan y prediquen el Evangelio del Reino.

Pág. 9. No impongan más preceptos de los que yo he establecido para ustedes, y no den ninguna ley, como hace el legislador, para que no sean oprimidos por ella". Dicho esto, se fue.

Intermedio
No obstante, ellos estaban afligidos y lloraban amargamente diciendo: "¿Cómo iremos hacia los gentiles y predicaremos el Evangelio del Reino del hijo del hombre? Si no han tenido hacia él respeto alguno, ¿cómo lo tendrán por nosotros?".
Entonces Mariam se puso de pie, saludó a todos sus hermanos y dijo: "No lloren y no se entristezcan; no duden más, pues su gracia descenderá sobre todos ustedes y los protegerá. Mas bien, alabemos su grandeza, pues nos ha preparado y nos ha hecho hombres". Dicho esto, Mariam llevó sus corazones al bien y empezaron a comentar las palabras del [Salvador].
Pág. 10. Pedro dijo: "Mariam, hermana, nosotros sabemos que el Salvador te estimaba más que a las otras mujeres. Danos a conocer aquellas palabras que recuerdes del Salvador, las que tú conoces y nosotros no, las que nosotros no hemos escuchado". Mariam respondió diciendo: "Lo que está oculto para ustedes se los comunicaré". Entonces comenzó el siguiente relato:

Palabras de María Magdalena

Visión de María
"Yo —dijo— vi al Señor en una visión y le dije: 'Señor, hoy te he visto en una visión'. Él contestó y me dijo: 'Bienaventurada eres, pues no te has desconcertado al verme, pues allí donde está el Intelecto, está el tesoro'. Yo le dije: 'Ahora, Señor dime, quien ve la visión ¿la ve en alma o en espíritu?'. El Salvador contestó y dijo: 'No la ve ni en alma ni en espíritu, sino que es el Intelecto, que se halla en medio de ellos, el que ve la visión, y él es el que [...]'".

[Laguna: faltan las páginas *11-14*]

La ascensión del alma

Pág.15. [...] a él, y la Concupiscencia dijo: "No te he visto bajar y ahora te veo subir. ¿Por qué mientes, si eres mía?". El alma contestó diciendo: "Yo te he visto, pero tú no me has visto ni me has reconocido. Por la vestimenta, que te pertenecía, y no me reconociste". Una vez dicho esto, (el alma) se alejó con gran alegría y de inmediato cayó en manos de la tercera potestad, la llamada Ignorancia. Esta interrogó al alma diciendo: "¿A dónde te diriges? Estás sujetada en la maldad; dado que estás sometida, no juzgues". El alma dijo: "¿Por qué me juzgas tú a mí, si yo no te he juzgado? Yo he sido sometida, pero no he sometido. No he sido reconocida, pero he sabido que el universo se está disolviendo, tanto en las cosas terrenales *pág. 16* como en las cosas celestiales".

Una vez que el alma hubo sobrepasado la tercera potestad, continuó ascendiendo y divisó la cuarta potestad, la de siete formas. La primera forma es la oscuridad; la segunda, la concupiscencia; la tercera, la ignorancia; la cuarta, la envidia de muerte; la quinta, el reino de la carne; la sexta, la loca inteligencia de la carne; la séptima, la sabiduría irascible. Estas son las siete potestades de la ira, las cuales preguntan al alma: "¿De dónde vienes, homicida? ¿A dónde vas, dueña del espacio?". El alma respondió diciendo: "Lo que me ata ha sido matado y lo que me atenaza ha sido aniquilado, y mi concupiscencia se ha disipado y mi ignorancia ha perecido. A un mundo he sido precipitada *pág. 17.* desde un mundo, y a una imagen desde una imagen celestial. La ligadura del olvido dura un instante. En adelante alcanzaré el reposo del tiempo (*kairós*), del tiempo (*chrónos*), (el reposo) de la eternidad, en silencio".

Epílogo
María Magdalena reveladora de Jesús

Después de decir todo esto, Mariam permaneció en silencio, dado que el Salvador había hablado con ella hasta aquí. Entonces, Andrés habló y dijo a los hermanos: "Digan lo que opinan acerca de lo que ha dicho. Yo, por mi parte, no creo que el Salvador haya dicho estas cosas. Estas doctrinas son bien extrañas".

Pedro respondió hablando de los mismos temas y les interrogó acerca del Salvador: "¿Ha hablado con una mujer sin que lo sepamos, y no manifiestamente, de modo que todos debamos volvernos y escucharla? ¿Es que la ha preferido a nosotros? *Pág. 18.* Entonces Mariam se echó a llorar y dijo a Pedro: "Pedro, hermano mío, ¿qué piensas? ¿Supones acaso que yo he reflexionado estas cosas por mí misma o que miento respecto al Salvador?

Entonces Leví habló y dijo a Pedro: "Pedro, siempre fuiste impulsivo. Ahora te veo ejercitándote contra una mujer como si fuera un adversario. Sin embargo, si el Salvador la hizo digna, ¿quién eres tú para rechazarla? Bien cierto es que el Salvador la conoce perfectamente; por esto la amó más que a nosotros. Más bien, pues, avergoncémonos y revistámonos del hombre perfecto, partamos tal como nos lo ordenó y prediquemos el evangelio, sin establecer otro precepto ni otra ley fuera de lo que dijo el Salvador". Luego que *pág. 19.* [Leví hubo dicho estas palabras], se pusieron en camino para anunciar y predicar.

EVANGELIO DE LOS EGIPCIOS

Introducción

El libro sa[gra]do [de los egipcios] sobre el gran [Espíritu] intangible, el Padre cuyo nom[bre] no se puede pronunciar, [el que provie]ne de las alturas, de [la perfección, la l]uz de la luz de los [eones de luz]; la luz del [Silencio del Pre]pensamiento [y] el Padre del Silencio, la [luz] de la Palabra [y] la Verdad; la lu[z de las] *pág. 41.* inco[rrupti]bilida[des], [la] luz que es sin límite; [el] resplandor a partir de los eones de luz del Padre inmanifestable, insignificativo, insenescente e improclamable, el Eón de los eones, el autoengendrado, el [au]togenerado, el autocreado, extranjero, el Eón realmente verdadero.

Manifestación de las tres potencias

De Él han provenido tres poderes, ellos son el Padre, la Madre, el Hijo, des[de] el Silencio viviente que proviene del [Pa]dre incorruptible. Éstos han venido, empero, a partir del Silencio del Padre oculto.

Composición del reino de la luz

[Y] desde este lugar ha provenido Domedón Doxome[dón, el Eón de] los eones y la l[uz de cada] uno de [sus] poderes; [y de esta] manera el Hijo lle[gó] cuarto, la Madre [quin]ta, [el Pad]re sexto. Él existía [...], pero sin nombrar. [Es] el que es insignificativo entre to[das las potencias], las glorias y las incorru[ptibi]lidades.

Las tres Ogdóadas

I. Manifestación

Desde este lugar [pro]cedieron las tres potencias. *pág. 42.* Las tres Ogdóadas que [el Padre] en (el) Silencio junto con su Prepensamiento [manifestó] desde su seno, es decir, el Padre, la Madre y el Hijo.

II. La primera Ogdóada

La pri[me]ra Ogdóada, por la que el Triple Varón p[ro]cedió, que es el Pensamiento y [la Pa]labra v l~ '...corruptibilidad y la Vi[da e]terna, la Voluntad, el Intelec[to] y el Preconocimiento, el Andró[gi]no paterno.

III. La segunda Ogdóada

La segunda poten[cia] ogdoádica, la Madre, la Ba[rb]elón [vir]ginal epititioch [.] [...] ai, memeneaimen [... que] domina sobre el cielo; karb [...] el poder que no se puede interpre[tar], la Madre indecible. [Ella na]ció de sí misma [...], procedió. [Es]tuvo de acuerdo con el Padre del [Silencio si]lencioso.

IV. La tercera Ogdóada

El tercer [poder og]doádico, el Hijo del Si[lencio silencioso] junto con la corona del Silencio si[lencioso y] la gloria del Padre y la excelen[cia] [de la] *pág. 43.* [Madre]. Produjo desde el se[no] los siete poderes de la gran [l]uz de los siete sonidos y la Pala[bra e]s su cumplimiento.

V. Recapitulación

Éstos son los tres [poderes], las tres Ogdóadas que el Pa[dre

58

e]n su Prepensamiento fraguó [desde] su seno; los fraguó [en] este lugar.

Descripción del eón Doxomedón

Procedió, entonces, Domeón Doxome[dón], el eón de los eones, y el [tro]no que está en él y las potencias [que] lo r[od]ean, las glorias y las in[corrup]tibilidades. [El P]adre de la gran lu[z que procedió d]el Silencio. Es [el gran Doxom]edón, el eón en el que [el triple va]rón reposa y consolidaron [en él] el trono de su glo[ria, aquel] en el que su Nombre inmanifesta[ble está] inscrito en la tableta [...]. Una es la Palabra, el Pa[dre de la Lu]z del todo. El que [proce]de del Silencio, descansan[do] en el Silencio, aquel cuyo *pág. 44.* nombre (está) en un símbolo in[visible; un mis]terio oculto, in[visible, pro]cedió [Laguna]

Alabanza y ruego de las Ogdóadas

Y [de este] modo las tres potencias dieron alabanza al [grande], invisible e in[nomina]ble Espíritu virginal, inapelable y [a su] virgen masculina. Pidi[eron una] potencia. Procedió, pues, un Si[lencio] silencioso viviente, como glo[rias] e [in]corruptibilidades en los eones [... eo]nes por miríadas se agregaron [... a los] tres masculinos las [tres...] generaciones masculinas, las raz[as masculinas lle]naron al gran eón Doxom[edón con] el poder de la Palabra del P[leroma entero].

El ruego del Infante triple varón

Entonces [el Infante] tres veces masculino [del gran] Cristo al que había ungido el [gran Espíritu invisi]ble, aquel [cuyo] poder fue [llamado] Ainon, dio ala[banza al] gran Espíritu invisible [y a su] virgen masculina Yo[uel y] al Silencio de silencioso silencio y la [grande]za [...]

(Faltan las pp. 45 a 48, pero IV 56,1 prosigue así:)

[...] que es admirable [... ine]fable [...] [...], el que posee las grande[zas] to[da]s [de] grandeza [del] silen[cio] silencioso en [este lugar]. El In[fan]te tres veces v[arón] emitió [una a]labanza y pidió [un poder a partir del [gran] Espíritu [in]vi[sible virgin]al.

Manifestación de Youel y Esefec

Entonces se manifestó en este lugar [...] que [...] [... que] ve las glo[rias] [... te]soros en un [...][...] miste[rio invisi]ble [...] del Silencio [que es el var]ón vir[gen Youel]. [En]tonces [se manifes]tó [el Infante del In]fante, Esef[ec].

Recapitulación

Y [así] se completó, pues, el [Padre, la] Madre y el Hi[j]o, los cin[co se]llos, el poder invic[to] que [es] el gran [Cristo] de los inco[rrupti]bles *pág. 57* todos [...] santo [...] [...] el fin [...], el [inco]rruptible y son poderes y [glorias e] incorrupti[bilidades] [...] llegaron [...] [las líneas 8-12 son ilegibles]. Éste dio [una alabanza] al inmani[festable, misteri]o oculto [...] [el] ocul[to] [...] [faltan las ls. 17-20] le en el [...] [y] los eones [... t]ronos [...] y [...] cada uno [...] [lo] ro[dean] miríadas de [poderes i]nnumerables, *pág. 58* [glo]rias e [inco]rruptibilidades [...] y ellos [... del] Padre [y] la Ma[dre y] el Hijo y [el Pleroma] entero que anteriormente [he mencionado y los] cinco se[llos] [y el miste]rio de [misterios]. Se manifes[taron] [las líneas 9-12 son ilegibles] [el que] domina [sobre] [...] y los eones de [... verda]de[mente] y los [...] [...] para siempre [son ilegibles las líneas 19-20] [...] y los eones eter[nos verda]deramente verdaderos.

Manifestación del Prepensamiento

Entonces se mani[festó] un [Pre]pensamiento en un silencio y un [silen]cio vi[viente de]l Espíritu [y un]a Palabra [del] Padre y [una] luz. Ella [... los cinco] *pág.* 59 sellos que el [Padre emi]tió desde su seno. Atra[vesó] los eones todos que anterior[mente] he dicho. Y estableció tronos de gloria y miríadas de ángeles [innu]merables [que le] rodean, [pode]res [y] glorias [inco]rruptibles, que [cantan] y glorifican alabando todos con una [vo]z [úni]ca, con un acorde, [con una vo]z y que nunca callan [...] [... a]l Pa[dr]e y a la [Madre y al Hi]jo [...] [y los Ple]rom[as todos] que an[teriormente] he mencionado que es [el gran] Cristo, que (es) a partir de un [Silencio, el que] es el Infante in[co]rrup[tible] *telmael telmach[a]el [eli el]i machar machar [seth el]* poder [que] vive verda[deramente de ver]dad, y [el va]rón [vir]gen que está con [él, Y]ouel, [y Es]efec, [el] resplandeciente, el Hij[o] del Hijo [y la co]rona de su gloria [...] de los cin[co se]llos, [el Ple]roma que he men[cionado] anteriormente.

Manifestación de la Palabra

Pág. 60 Entonces [lle]gó la gran [Palabra] autoengendrada viviente, [el D]ios verdadero, la na[turaleza] ingénita, aquel cuyo nombre les diré: [...]aia[...] *thaothosth*[...] que e[s el] Hijo del [gran] Cristo, que es el Hijo [del] Silenci[o in]decible [que] llegó a ser desde el gran [in[visible] e incorruptible [espíritu]. El [Hijo del Silencio y [en Si]lencio se manifestó [línea 14 ilegible] [... in]visible [...] [...] [hom]bre [y los] tesoros [de] su gloria. [Entonces] se manifestó en el [...] revelado [...]. Y estableció los cuatro [eones]. Con una Palabra los estableció.

La alabanza de la Palabra

Dio una [alabanza] al gran [in]visible Espíritu vir[gi]nal. [El Silencio] del [Pad]re en un silen[cio del] Silencio vi[viente si]lenc[ioso], [el lu]gar en donde el hombre [...] permanece [...] [...] a través de [...] [continúa]:

La plasmación y origen de Adamas

Pág. 49 [... se manifestó en este lugar] la nu[be de la] gran luz, la potencia [v]iviente, la Madre de las incorruptibilidades santas, el gran poder, la Mirotoe, y engendró a aquel que nombró su nombre cuando digo: ien [i]en ea ea ea, tres veces. Porque este Adamas es la luz resplandeciente que existe desde el Hombre, el pri[me]r Hombre, por cuyo medio todo existe y por el que todo es (y) sin el que nada existe. Emitió el Padre inconcebible, incomprensible. Él descendió de lo alto para suprimir la deficiencia.

La unión de Adamas y la Palabra

Entonces la gran Palabra, el Autoengendrado divino y el hombre incorruptible Adamas se mezclaron entre sí. Llegó a ser, pues, una Palabra de Hombre y el Hombre, asimismo, llegó a ser por una Palabra.

La alabanza de la Palabra y Adamas

Dio alabanza al grande, invisible, incomprensible, virginal Espíritu y a la virgen masculina y al Infante tres veces varón *pág. 50* y a la [v]ir[gen] masculina Youel y a Esefec, el res[plande]-ciente, Infante del Infante y la corona de su gloria y el poder del eón Doxomedón y los tronos que están en él, y los poderes que lo rodean, las glorias [y] las incorruptibilidades y el Pler[o]ma entero, que mencioné anteriormente, y la tierra etérea, la receptora de Dios, el lugar en el que reciben la imagen los hombres santos de la gran luz, los hombres del Padre, del Silencio silencioso vi[vi]ente, el Padre y el Pleroma total, al que antes me he referido.

El pedido de la Palabra y Adamas

Dieron alabanza la gran Palabra, el Autoengendrado divino y

el hombre incorruptible Adamas, pidieron una potencia y fuerza para siempre para el Autoengendrado para plenitud de los cuatro eones, de modo que por medio de ellos se manifestaran *pág. 51* [...] la gloria y la po[ten]cia del Padre invisible del hombre santo de la gran luz que vendrá al mundo que es la apariencia de la noche. El hombre incorruptible Adamas les pidió un hijo a partir de él, para que fuera padre de la raza inquebrantable e incorruptible de modo que por medio de ella se manifestara el Silencio y la Voz y por medio de ella surgiera el eón que es mortal para que se disolviera.

Generación de las cuatro luminarias y de Set

Y de este modo vino de lo alto la potencia de la gran luz, la manifestación. Ella generó las cuatro luminarias: Armozel, Oroiael, Daveité y Elelet y al gran incorruptible Set, el hijo del hombre incorruptible, Adamas.

El cumplimiento de la Hebdómada y las consortes de las luminarias

Y de este modo se completó la Hebdómada perfecta que existe en misterios *pág. 52* ocultos. Una vez que reci[bió] la g[loria] fue once Ogdóadas. Y respondió afirmativamente el Padre. Estuvo de acuerdo el Pleroma entero de las luminarias. Procedieron sus [con]sortes para el acabamiento de la Ogdóada del divino Autoengendrado: la Gracia, de la primera luminaria, Armozel; la Sensibilidad de la segunda luminaria, Oroiel; la Inteligencia de la tercera luminaria, Daveite; la Prudencia de la cuarta luminaria, Elelet. Ésta es la primera Ogdóada del Autoengendrado divino.

Los servidores de las luminarias y sus consortes

Y aceptó el Padre. Estuvo de acuerdo el Pleroma entero de las luminarias. Procedieron los [servidores]. El primero el gran

Gamaliel, (de) la primera gran luminaria, Armozel. Y el gran Gabriel, (de) la segunda gran luminaria, Oroiel. Y el gran Samio, de la gran luminaria, Daveite. Y el gran Abrasax, de *pág. 53* la [gran luminaria], Elelet. Y [las con]sortes de éstos procedieron por la voluntad de la buena voluntad del Padre, la Memoria del grande, el primero, Gamaliel; el Amor del grande, el segundo, Gabriel; la Paz del tercero, el gran Samblo; la Vida eterna del grande, el cuarto, Abrasax. De este modo se completaron las cinco Ogdóadas, cuarenta en total, como un poder que no se puede interpretar.

La petición de la Palabra y el Pleroma

Entonces la gran Palabra, el Autoengendrado [y] la Palabra del Pleroma de las cuatro luminarias dio alabanza al gran Espíritu invisible, inapelable, virginal y a la virgen masculina y el gran eón Doxomedón y a los tronos que están en ellos y a los poderes que los rodean y a las glorias y a las autoridades y a los poderes [y] al Infante tres veces varón y a la virgen masculina Youel y a Esefec, *pág. 54* el resplandeciente, [el Infante] del Infante y la corona de [su glo]ria, el Pleroma total, y a las glorias todas que están en este lugar, los pleromas sin fin [y] los eones innominables, para que den nombre al Padre como el cuarto junto con la raza incorruptible, para poder llamar a la semilla del Padre la semilla del gran Set.

Respuesta a la petición

Entonces todos se agitaron y el temblor dominó a los incorruptibles. Entonces el Infante tres veces varón procedió desde arriba hacia abajo en los inengendrados y los autoengendrados y los que fueron engendrados en lo que es engendrado. Procedió la grandeza, la grandeza total del gran Cristo. Estableció tronos en gloria, miríadas innumerables en los cuatro eones que lo rodean, miríadas innumerables, potencias y glorias *pág. 55* e incorruptibilidades. Y dimanó de esta manera.

Aparición de la iglesia espiritual

Y la in[co]rruptible asamblea espiritual acreció en las cuatro luminarias del gran Autoengendrado viviente, el Dios de la Verdad, alabando, cantando y glorificando con una voz única, con un acorde y con una voz sin descanso al Padre y a la Madre, y al Hijo y al Pleroma todo, como he dicho. Los cinco sellos que están en las miríadas y que gobiernan sobre los eones y que transportan las glorias de los guí[a]s fueron encargados de revelarse a los que son dignos. Amén.

La alabanza de Set y la petición por su simiente

Entonces el gran Set, el hijo del incorruptible hombre Adamas, dio alabanza al grande, invisible, indecible, innominable, virginal Espíritu y a la [virgen] mas[cu]lina [y al Infante tres veces masculino y a la] virgen [masculina] Youel y a Esefec el resplandeciente de su gloria, y a la corona de su gloria, el Infante del Infante, *pág.* 56 y al gran eón Doxomedón y al Pleroma del que he hablado anteriormente. Y él pidió por su semilla.

Plesitea y su obra

Entonces vino de este lugar el gran poder de la gran luminaria Plesitea, la madre de los ángeles, la madre de las luces, la madre gloriosa, la virgen de cuatro pechos aportando el fruto desde Gomorra como fuente junto con Sodoma que es el fruto de la fuente de Gomorra que está en ella. Vino a través del gran Set.

El júbilo del gran Set

Entonces el gran Set se alegró por el don que se le concedió por el incorruptible Infante. Tomó su simiente de la virgen de los cuatro pechos y la colocó con él en el cuarto eón (y) en la tercera gran luminaria Daveité.

Creación de los gobernadores del mundo

Después de cinco mil años la gran luminaria Elelet dijo: "Gobierne alguno sobre el caos y el Hades". Y apareció una nube *pág.* 57 [cuyo nombre e]s Sabiduría material [... ella] miró las regiones [del caos], siendo su rostro como [...en] su forma [...] [...] sangre. Y dijo [el gran á]ngel Gamaliel [al gran Gabrie]l, el servidor de [la gran lu]z, Oroiael. Él [dijo: "Un á]ngel salga [para que go]bierne sobre el caos [y el Hades". Enton]ces la nube [satisfecha vino] en las dos mónadas [de las cuales cada] una tenía una luz [... tro]no que ella había colocado [arriba] en la nube. [Entonces v]io Saclas, el gran [ángel, a]l gran demon [que está con él, Nebr]uel. Y llegaron a ser [juntos un] espíritu generador de la Tierra. [Generaron án]geles asis[tentes. Dijo] Saclas al gran [demon Neb]ruel: "Se[an los do]ce eones en [el ...] eón, mundos". [... di]jo el gran án[gel Saclas] por la voluntad del *pág.* 58 Autoengendrado: "Lleguen a ser [...] del número de siete [...]". Y dijo a los [grandes ángeles]: "Vayan y que [cada uno] de ustedes reine sobre su [mundo". Fue]ron cada uno [de estos] doce [ángeles]. El primer ángel es At[ot. Es aquel] al que llaman [las grandes ra]zas de los hombres [... El se]gundo es Harmas, [que es el ojo del fuego]. El tercero [es Galila. El cuar]to es Yobel. [El quinto es A]doneo. El sexto [es Caín, al que lla]man las [grandes razas] de hombres, el Sol. El [séptimo es Abel]; el octavo, Aquiresina; el [noveno, Yubel]; el décimo es Harm[upiael; el dé]cimo primero es Ar[ciadoneo]; el décimo segundo [es Beliás. Éstos son] los que presiden el Ha[des y el caos].

La arrogancia de Saclas

Y después de la fundaci[ón del mundo] dijo Saclas a sus á[ngeles: "Yo], yo soy un Di[os celoso] y fuera de mí nin[gún otro existe", puesto que *pág.* 59 creía en su realidad.

El rencor de Saclas y la plasmación del hombre

Entonces una voz vino de lo alto diciendo: "Existe el Hombre y el Hijo del Hombre", a causa del descenso de la imagen de lo alto, que es similar a su voz en la altura de la imagen que ha visto. Por medio de la visión de la imagen de lo alto se plasmó la primera criatura.

Actividad redentora de arrepentimiento

A causa de esto existió el arrepentimiento. Recibió su cumplimiento y su poder por la voluntad del Padre y su acuerdo con lo que aceptó de la gran raza incorruptible, inquebrantable, del gran hombre poderoso del gran Set, para que la sembrara en los eones que han sido engendrados para que por él (= arrepentimiento), se completara la deficiencia. Porque había bajado de arriba al mundo que es la apariencia de la noche. Cuando llegó, rogó conjuntamente por la semilla del Arconte de este eón y [las] autoridades que existían a partir de él, aquella contaminada que será destruida del dios engendrador del demon y rogó por la semilla *pág.* 60 de Adán, que es semejante al sol, del gran Set.

La obra de Hormos

Entonces vino el gran ángel Hormos para preparar por medio de las vírgenes de la generación corrompida de su eón en una Palabra-engendrada, vaso santo, a través del Espíritu Santo, la semilla del gran Set.

El lugar de la semilla de Set

Entonces vino el gran Set. Trajo su simiente y fue sembrada en los eones que habían sido producidos, cuyo número es la cifra de Sodoma. Algunos dicen que Sodoma es el lugar de residencia del gran Set, que es Gomorra, pero otros (dicen) que el gran Set tomó su savia de Gomorra y la plantó en el lugar sagrado que dio el nombre a Sodoma.

La generación de Edocla

Ésta es la raza que vino por medio de Edocla. Porque generó en la Palabra a la verdad y la justicia, el origen de la semilla de la vida eterna que está junto con los que resistirán a causa del conocimiento de su emanación. Esta es la gran raza incorruptible que ha venido a través de los tres *pág. 61* mundos al mundo.

Peligros de la semilla de Set

Y el diluvio fue una figura en relación con la consumación del eón. Pero será enviado al mundo a causa de esta raza. Por consiguiente una conflagración tendrá lugar sobre la Tierra. Y la gracia estará con los que pertenecen a la raza por medio de los profetas y los guardianes que guardan la vida de la raza. Por motivo de esta generación habrá hecatombes y plagas. Pero esto sucederá a causa de la gran raza incorruptible. Porque por esta raza tendrán lugar tentaciones, un error de falsos profetas.

Set reconoce las artimañas del Maligno

Entonces el gran Set vio la actividad del Maligno y sus múltiples encubrimientos y sus proyectos, los que se llevarán a cabo contra su raza incorruptible, inquebrantable, y las persecuciones de sus poderes y sus ángeles y el error de ellos, que opera audazmente contra ellos mismos.

Set pide guardianes para su generación

Entonces el gran Set dio alabanza al grande, indecible, al Espíritu virginal y a la *pág. 62* virgen masculina Barbelón, y al Infante tres veces masculino *telmael telmael, heli heli, machar machar seth*, la potencia verdadera que vive verdaderamente y a la virgen masculina Youel y a Esefec el resplandeciente de gloria y la corona de su gloria y al gran eón Doxomedón y a los tronos que están en él. Y los poderes que lo rodean y el Pleroma todo como antes he dicho, y pidió guardianes para su semilla.

Llegada de los guardianes

Entonces procedieron desde los grandes eones cuatrocientos ángeles etéreos acompañados por el gran Aerosel y el gran Selmequel, para guardar a la gran raza incorruptible, su fruto y a los grandes hombres del gran Set desde el tiempo y el momento de la verdad y la justicia hasta la consumación del eón y sus arcontes, a los que han juzgado los grandes jueces de la muerte.

La misión de Set

Entonces el gran Set fue enviado por las cuatro luminarias de acuerdo con la voluntad del *pág. 63* Autoengendrado y el Pleroma entero, gracias [al don] y el buen consentimiento del gran Espíritu invisible y los cinco sellos y el Pleroma todo.

La obra de Set

Atravesó las tres presencias que he dicho antes, y el diluvio y la conflagración y el juicio de los arcontes y las potencias y las autoridades para salvar a la que se extravió por la reconciliación del mundo, y el bautismo por una Palabra-engendrada corporal que preparó para sí el gran Set misteriosamente a través de la virgen para que pudieran ser engendrados los santos por el Espíritu Santo, por medio de símbolos invisibles secretos por una reconciliación del mundo con el mundo, por la renuncia al mundo y al dios de los tres eones y (por) las convocatorias de los santos y los inefables y los incorruptibles senos y (por) la gran luz del Padre que existió anteriormente junto con su Prepensamiento y por él estableció el santo bautismo que supera el cielo por la incorruptible *pág. 64* Palabra-engendrada, y Jesús el viviente y al que ha revestido el gran Set. Y ha clavado a las potencias de los trece eones y ha establecido por medio de él a los que lleva y a los que trae. Los armó con una armadura de conocimiento de esta verdad, con un poder invencible de incorruptibilidad.

Lista de los portadores de salvación

Se les manifestó el gran Auxiliar Yeseo Mazareo Yesedeceo, el agua viviente y los grandes guías Santiago el grande y Teopempto e Isavel y los que presiden la fuente de la verdad, Miqueo y Micar y Mnesino, y el que preside el bautismo del viviente y los purificadores y Sosengenfaranges y los que presiden las puertas de las aguas, Miqueo y Micar, y los que presiden el monte, Seldao y Eleno y los recibidores de la raza, la incorruptible de [los] hombres poderosos [del] gran Set. Los ministros de las cuatro luminarias, el gran Gamaliel, el gran Gabriel, el gran Samblo y el gran *pág.* 65 Abrasax y los que presiden el Sol, su nacimiento, Olses e Hypneo, y Eurumario y los que presiden el ingreso en el reposo de vida eterna, los gobernadores Mixanter y Micanor, y los que guardan a las almas del elegido, Acramas y Strempsujo y el gran poder *heli heli machar machar seth* y el gran invisible, indecible, innominable, Espíritu virginal, y el Silencio y la gran luminaria Armozel, el lugar Autoengendrado viviente, el Dios de la Verdad y [el] que está con él, el hombre incorruptible Adamas, el segundo Oroiel, el lugar del gran Set. Y Jesús que posee la vida y que vino a crucificar al que está bajo la ley, el tercero, Daveité, el lugar de los hijos del gran Set, el cuarto Elelet, el lugar en donde las almas de los hijos descansan, el quinto, Youel, el que preside el nombre de aquel al que le será permitido bautizar en el bautismo santo que supera el cielo, el incorruptible.

Seguridad de la salvación actual

Desde ahora, sin embargo, *pág.* 66 por medio del hombre incorruptible Poimael y los que son dignos de la invocación, de las renuncias (y) de los cinco sellos en el bautismo fontanal, éstos conocerán a sus recibidores según se los ha instruido sobre ellos y serán conocidos por ellos. Éstos no experimentarán la muerte.

Sección hímnica I

ih ieys eo oy eo oya. Verdaderamente con verdad, Yeseo Mazareo Yesedeceo íoh, agua viviente!, íoh, Infante del Infante!, íoh, nombre glorioso, verdaderamente con verdad, eón que (es) el que es, *iiii hhhh eeee oooo yyyy wwww aaaa* verdaderamente con verdad, *hi aaaa wwww* el que es, que ve a los eones verdaderamente en verdad, *aee hhh iii yyyyyy wwwwwwww*, el que es eterno eternamente verdaderamente con verdad *iha aiw* en el corazón, que es *iy aei eis ei ho ei, ei hos ei*!

Sección hímnica II

Este gran nombre tuyo me preside, Perfecto Autoengendrado que no estás fuera de mí, yo te veo, íoh, tú que eres invisible para cualquiera! ¿Quién, en efecto, podrá abarcarte en otra lengua? Ahora *pág.* 67 que te he conocido, me he mezclado con lo inmutable. Me he armado con una armadura de luz, me he transformado en luz, ya que la Madre estaba en este lugar a causa de la belleza espléndida de gracia. Por esto he alargado mis manos mientras estaban inclinados. Recibí forma en el círculo de los ricos de la luz que están en mi seno que da forma a los muchos engendrados en la que ningún agravio recibe. Afirmaré tu gloria verdaderamente, porque te he captado soy *ies ide aeio aeie ois o*, ¡Eón, eón, Dios del Silencio!, te honro totalmente. Eres mi lugar de reposo, hijo *es es o e*, el carente de forma que es en los carentes de forma, el que es, que suscitas al Hombre en el que me purificarás en tu vida, según tu nombre imperecedero. Por esto el incienso de vida está en mí. Lo mezclé en agua según el modelo de todos los arcontes para poder vivir contigo en la paz de los santos, tú, el que eres por siempre *pág.* 68 verdaderamente con verdad.

Primera conclusión

Éste es el libro que el gran Set escribió y colocó en altos montes sobre los que el sol no se ha levantado ni lo podrá. Y desde los días de los profetas y los apóstoles y los mensajeros, su nombre no se ha levantado en absoluto sobre sus corazones ni lo podrá. Tampoco el oído de ellos lo ha oído.

Segunda conclusión

Este libro lo ha escrito el gran Set, en escritura de ciento treinta años. Lo colocó en la montaña que se denomina Caraxio para que al fin de los tiempos y los momentos convenientes, según la voluntad del divino Autoengendrado y del Pleroma entero, por medio del don de la Voluntad inescrutable e incomprensible del Padre, se manifieste y revele a esta incorruptible santa generación del gran Salvador y los que residen con él amorosamente y con el grande, invisible, eterno Espíritu y su Unigénito Hijo y la luz eterna *pág.* 69 y su gran consorte incorruptible y la incorruptible Sabiduría y la Barbelón y el Pleroma entero en la eternidad. Amén.

Colofón

El evangelio de [los] egipcios. El libro escrito por Dios, sagrado y secreto. La Gracia, la Inteligencia, la Sensibilidad, la Prudencia están con el que lo ha escrito: Eugnosto el amado en el Espíritu. (En la carne mi nombre es Gongesos) junto con mis hermanos de luz en la incorruptibilidad, Jesús el Cristo, el Hijo de Dios, el Salvador. *Ichtys.* Escrito de Dios, el libro sagrado del gran Espíritu Invisible.

EVANGELIO DE LA VERDAD

Prólogo

Pág. *16* El Evangelio de la verdad es regocijo para quienes han recibido, de parte del Padre de la verdad, el don de entenderlo por medio del poder de la Palabra que ha venido desde el Pleroma, la que está en el Pensamiento y el Intelecto del Padre, la que es conocida como el Salvador, ya que es el nombre de la labor que debe llevar a cabo para la salvación de quienes eran *pág.* *17* ignorantes del Padre, pero el evangelio es la manifestación de la esperanza que se revela por quienes la buscan.

I. Aparición de la ignorancia

Frustración de la búsqueda y creación ilusoria

Dado que la Totalidad buscó a Aquel del que habían salido, y la Totalidad estaba dentro de Él, el Incomprensible, el Impensable, que está más allá de todo pensamiento, ignorar al Padre provocó angustia y terror. Pero la angustia se volvió densa como una niebla, de manera que nadie podía ver; por esa razón el Error se ha fortalecido; ha trabajado su materia inútilmente, puesto que no conocía la verdad. Emprendió una obra disponiendo con esfuerzo y belleza algo similar a la Verdad. Esto, en realidad, no constituía una humillación para el Incomprensible, el Impensable, ya que nada eran la angustia, el olvido y la obra engañosa, en tanto que siendo firme la Verdad es inmutable e inquebrantable y totalmente bella. Por esto, desprecien el Error. De este modo carecía

73

de raíz y estaba en una niebla respecto del Padre, ocupado en disponer actividades, olvidos y terrores, para que por medio de ellos vinieran los del medio y hacerlos cautivos.

El olvido

El olvido del Error no se manifestó. No es un [...] *pág. 18* desde el Padre. El olvido no tuvo su origen en el Padre, aunque se originó por su causa. Pero lo que nace en él es el conocimiento que se manifestó para que el olvido se disipara y el Padre fuese conocido. Puesto que el olvido existió a causa de que el Padre no fue conocido, a partir del momento en que el Padre sea conocido, el olvido dejará de existir.

II. El descubrimiento del Padre

Jesús crucificado y la existencia en el Padre

Éste es el evangelio del que se busca, que fue revelado a los que son perfectos por las misericordias del Padre, el misterio oculto, Jesús, el Cristo, por cuyo medio iluminó a los que estaban en las tinieblas a causa del olvido. Los ha iluminado y (les) ha mostrado un camino. Sin embargo, el camino que les ha enseñado es la verdad. Por ese motivo el Error se ha airado contra él, lo ha perseguido, lo ha maltratado y lo redujo a nada. Lo clavó en un madero (y) fue un fruto del conocimiento del Padre. Pero no fue blanco de destrucción porque fuese asimilado, sino porque dio motivos a los que lo asimilan para que fueran felices por el descubrimiento, pero Él los descubrió en sí mismo y ellos lo descubrieron en ellos, al Incomprensible, al Impensable, al Padre, el Perfecto, que engendró la Totalidad, en el que está la Totalidad y del que la Totalidad necesita. Aunque ha conservado su perfección en sí, la que no ha dado a la Totalidad, el Padre no era celoso. Pues ¿qué envida podría haber entre Él y sus miembros? *pág. 19* Porque si el Eón hubiera recibido así su perfección, no podrían llegar [...] al Padre, el que conserva en sí su perfección, dándosela como una transformación hacia Él y un conocimiento perfectamente único. Él es el que ha producido la Totalidad, en el que está la Totalidad y del que la Totalidad necesita. Como en el ejemplo de una persona al que otros ignoran, que desea que la conozcan y la amen, del mismo modo ¿por qué motivo la Totalidad estaría necesitada a no ser que fuese por el conocimiento del Padre? Él (=Jesús) fue un guía, en silencio y tranquilidad.

El Salvador maestro

Se presentó en las escuelas, enunció la Palabra como un maestro. Se le acercaron los sabios, según su propia estimación, para ponerlo a prueba. Pero los confundió, porque eran vanos. Ellos lo odiaron, pues no eran sabios en realidad. Después de todos éstos también se aproximaron a él los niños, a quienes pertenece el conocimiento del Padre. Fortalecidos, aprendieron los aspectos del rostro del Padre. Conocieron y fueron conocidos; fueron glorificados y han glorificado.

III. Previsión salvífica

El libro del Viviente y la crucifixión

El libro que vive del Viviente se manifestó en su corazón, el que está escrito en el Pensamiento y el Intelecto *pág. 20* [del] Padre y que antes del establecimiento de la Totalidad estaba en su Incomprensibilidad, el que nadie podía tomar, puesto que está reservado para que lo tome quien vaya a ser inmolado. De cuantos creyeron en la salvación ninguno hubiera podido manifestarse si no hubiera aparecido este libro. Por ese motivo el piadoso, el fiel, Jesús, aceptó con paciencia los sufrimientos hasta que tomó este libro, puesto que sabe que su muerte para muchos es vida. Así como antes de que se abra un testamento se ocultan los bienes del fallecido dueño de la casa, sucede con la Totalidad, que permanece oculta en tanto que el Padre de la Totalidad era invisible, siendo un ser engendrado por sí mismo, del que provienen todos los intervalos. Por este motivo apareció Jesús, revistió aquel libro, fue clavado en un madero, y publicó el edicto del Padre sobre la cruz. ¡Oh, sublime enseñanza! Se humilló hasta la muerte, aunque la vida eterna reviste. Después de despojarse de estos harapos perecederos, se revistió de la incorruptibilidad que nadie puede sustraerle. Habiendo penetrado en las regiones vacías de los terrores, atravesó por los que estaban desnudos a causa del olvido, siendo conocimiento y perfección, proclamando lo que hay en el corazón *pág. 21* [...] [...] enseñar a sus discípulos. Pero los discípulos son el Viviente, los que están inscritos en el libro del Viviente. Reciben la enseñanza sobre sí mismos, la reciben del Padre, y se vuelven de nuevo hacia Él.

Previsión paterna y llamada del elegido

Puesto que la perfección de la Totalidad está en el Padre, es necesario para la Totalidad subir hacia Él. Entonces, el que posee el conocimiento adquiere lo que le es propio y lo atrae hacia sí. Porque el que es ignorante está menesteroso y falto de muchas cosas, puesto que le falta lo que lo perfeccionará. Dado que la perfección de la Totalidad está en el Padre, es necesario que la Totalidad ascienda hacia Él y que cada uno adquiera lo que le es propio. Los ha inscrito de antemano, habiéndolos preparado para darla a los que han salido de Él. Aquellos cuyo nombre conoció de antemano han sido llamados finalmente, de modo que el que posee el conocimiento es aquel cuyo nombre ha sido pronunciado por el Padre, pues aquel cuyo nombre no ha sido dicho es ignorante. Efectivamente, ¿cómo podrá oír aquel cuyo nombre no ha sido convocado? Porque el que es ignorante hasta el fin es una obra del olvido y será disuelto con él, de lo contrario ¿cuál es el motivo de que estos desgraciados carezcan *pág. 22* de nombre y de que no exista para ellos una llamada?

Respuesta a la llamada y contenido del Libro

De esta manera el que posee el conocimiento es de lo alto. Si es llamado, escucha, responde y se vuelve hacia quien lo llama para ascender hacia Él. Y sabe cómo se llama. Poseyendo el conocimiento hace la voluntad de quien lo ha llamado, quiere complacerle y recibe el reposo. Su nombre propio aparece. El que llegue a poseer el conocimiento de este modo sabe de dónde viene y a dónde va. Sabe como una persona que habiendo estado embriagada ha salido de su embriaguez, ha vuelto a sí misma y ha corregido lo que le es propio. Él (=Jesús) ha desviado a muchos del Error. Les ha precedido hasta sus lugares, de los que se habían alejado cuando aceptaron el error, a causa de la profundidad del que abarca a todos los intervalos, mientras que ninguno existe que lo abarque a Él. Era una gran maravilla que estuvieran en el Padre sin conocerlo y que fuesen capaces de autogenerarse, puesto que no podían comprender ni conocer a Aquel en el que estaban. Porque de este modo su voluntad no había emergido de Él. En efecto, la reveló en consideración a un conocimiento que persuada a todas sus emanaciones. Éste es el conocimiento del libro viviente que reveló a los *pág. 23* eones, por fin, como [sus le]tras, revelando cómo no son vocales ni consonantes, para que el que las lea piense en algo vano, sino que son letras de la Verdad que sólo pronuncian los que las conocen. Cada letra es un pen[samiento] completo, porque son letras escritas por la Unidad, habiéndolas escrito el Padre, para que los eones por medio de sus letras conozcan al Padre.

IV. Liberación salvífica

Advenimiento de la Palabra y reintegración del elegido

Su sabiduría contempla a la Palabra, su enseñanza la pronuncia y su conocimiento la ha revelado. Su clemencia es una corona sobre ella. Su alegría está en armonía con ella; su gloria la ha exaltado; su imagen la ha manifestado; su reposo lo ha recibido en sí mismo; su amor hizo un cuerpo sobre ella; su fe la ha rodeado. De esta manera la Palabra del Padre surge en la Totalidad, como el fruto *pág. 24* [de] su corazón y como impronta de su voluntad. Pero sostiene a la Totalidad eligiéndola y recibe también el aspecto de la Totalidad. Jesús el de infinita dulzura la purifica, le da vuelta hacia el Padre y la Madre. El Padre descubre su seno. Pero su seno es el Espíritu Santo. Descubre su secreto, su secreto es su Hijo, para que por la misericordia del Padre los eones dejen de inquietarse buscando al Padre y descansen en él sabiendo que es el reposo. Después de haber colmado la deficiencia, ha abolido la forma. Su forma es el mundo en el que fue esclavo.

Disolución del mundo y de lo múltiple

Porque la región en donde hay envidia y discordia es deficiente, pero la región en la que hay unidad es perfecta. Puesto que la deficiencia se produjo porque se ignoró al Padre, entonces cuando se conoce al Padre la deficiencia dejará de existir. Como sucede con la ignorancia de una persona, que una vez que conoce se desvanece su ignorancia, como se desvanece la oscuridad cuando aparece *pág. 25* la luz, del mismo modo también se desvanece la deficiencia ante la perfección. Así desde ese momento no se manifiesta más la forma, sino que se disolverá en la fusión de la Unidad, porque ahora sus obras yacen dispersas, a la vez que la Unidad dará perfección a los intervalos. En la Unidad cada uno se realizará; en el conocimiento se purificará de la multiplicidad en la Unidad, consumiendo la materia en sí mismo, como una llama, y la oscuridad por la luz y la muerte por la vida. Si estas cosas verdaderamente han sobrevenido a cada uno de nosotros, debemos vigilar sobre todo para que la morada sea santa y esté en silencio para la Unidad.

Parábola de los vasos y juicio de la Palabra

Es lo mismo que en el caso de ciertas personas que han dejado los lugares que tenían vasos en sus puestos que no eran buenos. Si los hubieran roto, tampoco habría sufrido daño el dueño de casa. Sin embargo queda satisfecho, pues en lugar de los vasos deteriorados, los hay llenos, que son de manufactura perfecta. Porque así es el juicio que ha venido de *pág. 26* lo alto. Ha juzgado a cada uno, como una espada desenvainada, de doble filo, que corta por ambos lados. Cuando la Palabra apareció, la que está en el corazón de quienes la pronuncian, ella no es sólo un sonido, sino que tomó un cuerpo, una gran turbación sobrevino entre los vasos, porque algunos habían sido vaciados y otros estaban llenos; es decir, algunos habían sido provistos, pero otros derramados, unos purificados, pero otros quebrados.

Perturbación cósmica y derrota del Error

Todas las regiones se agitaron y conmovieron, porque carecían de orden y estabilidad. El Error se desconcertó, ignorando qué hacer; se afligió, lamentándose, y quedó vacilante, porque no sabía nada, después que se le aproximó el conocimiento que es su destrucción y el de todas sus emanaciones, el Error es vano, al no tener nada adentro. La Verdad apareció, todas sus emanaciones la conocieron. Saludaron al Padre verdaderamente con una potencia perfecta que las une con el Padre. Porque cada una ama a la Verdad, puesto que la Verdad es la boca del Padre y su lengua es el Espíritu Santo. El que se une *pág. 27* a la verdad se une a la boca del Padre por su lengua, cuando llegue a recibir el Espíritu Santo, puesto que tal es la manifestación del Padre y su revelación a sus eones. Ha revelado lo que de Él estaba oculto y lo ha explicado. Pues ¿quién existe, sino el Padre solamente?

Seres ocultos y descubiertos

Todos los intervalos son sus emanaciones. Han sabido que proceden de Él como hijos provenientes de un hombre perfecto. Sabían que todavía no habían recibido forma y que todavía no habían recibido un nombre, cada uno de los cuales engendra el

Padre. En ese momento reciben una forma por su conocimiento, pues aunque estén en Él, no lo conocen. Pero el Padre es perfecto, conociendo todo intervalo que está en Él. Si quiere, manifiesta a quien quiere, dándole una forma y dándole un nombre y lo llama y motiva que ellos vengan a la existencia los que antes de venir a la existencia, ignoran a quien los ha formado. No digo, por lo tanto, que no son nada los que todavía no existen, sino que están *pág. 28* en Él que querrá que vengan a la existencia cuando quiera, como el tiempo conveniente por venir. Antes de que todas las cosas se manifiesten, sabe lo que producirá. Pero el fruto que todavía no se ha manifestado, nada sabe, ni nada hace. De este modo también cada intervalo que es en el Padre proviene del que es, que lo ha establecido desde lo que no es. Pues el que carece de raíz, tampoco tiene fruto, pero por más que piense interiormente "He comenzado a existir", sin embargo, será destruido por sí mismo. Por este motivo el que no ha existido en absoluto nunca existirá. Entonces ¿qué quiso para pensar de sí mismo? Esto: "He existido como las sombras y los fantasmas de la noche". Cuando la luz ilumina el terror que esa persona ha experimentado, comprende que no es nada.

El estado de pesadilla y el despertar

De este modo eran ignorantes del Padre, al que *pág. 29* no veían. Puesto que existía terror, turbación, inestabilidad, vacilación y discordia, eran muchas las ilusiones y las vacuas ficciones que los ocupaban, como si estuvieran sumergidos en el sueño y convivieran con sueños inquietantes. Bien huían a algún lugar, bien se daban vuelta extenuados, después de perseguir a otros, bien daban golpes, bien los recibían, bien caían desde grandes alturas, o bien volaban por el aire, aunque sin poseer alas. A veces (les) sucede como si alguien fuese a matarlos, aunque nadie los persiga, o bien como si ellos mismos mataran a sus vecinos, porque se encontraron manchados con su sangre. Una vez que los que pasan por estas cosas se despiertan, nada ven, aunque estaban en medio de todas estas confusiones, puesto que ellas no existen.

Semejante es el modo de los que han rechazado la ignorancia lejos de sí, igual que no tienen en ninguna consideración el sueño, así tampoco consideran sus *pág. 30* acciones como algo sólido, sino que las abandonan como un sueño tenido en la noche. El conocimiento del Padre lo aprecian como el amanecer. De esta manera ha actuado cada uno de ellos, como cuando estaban dormidos mientras que eran ignorantes. Y éste es el modo como ha (llegado el conocimiento), como si se despertara. ¡Feliz será el que llegue a darse vuelta y a despertarse! Y bienaventurado es el que ha abierto los ojos del ciego. Y el Espíritu ha corrido tras él, dándose prisa para despertarle. Habiendo tendido la mano al que yacía sobre la tierra, lo afirmó sobre sus pies, pues todavía no se había levantado.

V. Intervención paterna

Mediación del Hijo

Les dio los medios de conocerlo, el conocimiento del Padre y la manifestación de su Hijo. Porque cuando lo han visto y lo han oído, les hizo gustarlo y sentirlo y tocar al Hijo bienamado. Cuando apareció, instruyéndoles sobre el Padre, el Incomprensible, cuando les hubo insuflado lo que está en el Pensamiento, cumpliendo su voluntad, cuando muchos hubieron recibido la luz, se dieron vuelta *pág. 31* hacia él. Porque los materiales eran extraños y no vieron su semejanza, tampoco lo habían conocido. Pues él vino en una forma carnal, sin encontrar ningún obstáculo a su desplazamiento, puesto que la incorruptibilidad es irresistible. De nuevo, dijo cosas nuevas, hablando sobre lo que está en el corazón del Padre, habiendo proferido la Palabra sin defecto. Una vez que la luz habló por su boca y su voz engendró la Vida, les dio pensamiento e intelecto, la misericordia y la salvación y el espíritu poderoso proveniente de la infinitud y de la dulzura del Padre. Habiendo detenido los castigos y las torturas, puesto que desviaban de su rostro a muchos que estaban en el error y los lazos necesitados de misericordia, ha destruido a ambos con poder y los confundió con el conocimiento.

Parábola de la oveja perdida

Ha llegado a ser un camino para los que iban descarriados y conocimiento para los ignorantes, descubrimiento para los que buscaban y confirmación para los vacilantes e incontaminación para los manchados. Es el pastor *pág. 32* que ha dejado las noventa y nueve ovejas que no estaban perdidas y ha ido a buscar a la que estaba extraviada. Se regocijó cuando la encontró, porque noventa y nueve es un número que está en la mano izquierda, que lo contiene. Pero cuando se encuentra el uno, el número entero pasa a la mano derecha. Del mismo modo sucede al que le falta el uno, es decir, la mano derecha completa, que atrae a lo que era deficiente y lo toma del lado de la mano izquierda y lo lleva a la derecha, y de este modo también el número llega a ser una centena. Se trata del signo del que está en su sonido, o sea, del Padre. Incluso en sábado ha trabajado por la oveja que encontró caída en el pozo. Ha reanimado a la oveja subiéndola desde el pozo para que sepan íntimamente, ustedes, los hijos del conocimiento interior, cuál es el sábado, en el que no es conveniente que la salvación descanse, para que puedan hablar del día de lo alto, que carece de noche, y de la luz que no se oculta, porque es perfecta. Digan, pues, desde el corazón que son el día perfecto y que en ustedes mora la luz que no desfallece. Hablen de la verdad con los que la buscan y [del] conocimiento a los que han pecado en su error.

VI. Deberes del elegido

Pág. 33 Afirmen el pie de los que vacilan y tiendan su mano a los débiles. Alimenten a quienes tienen hambre y consuelen a los que sufren. Levanten a los que quieren levantarse y despierten a los que duermen, porque son el entendimiento que atrae. Si actúan así como fuertes, serán también más fuertes. Préstense atención a ustedes mismos y no se preocupen de las otras cosas que han apartado de ustedes. No vuelvan a lo que han vomitado para comerlo. No sean polillas. No sean gusanos, porque ya lo han rechazado. No sean un lugar para el diablo, porque ya lo han destruido. No consoliden sus obstáculos, los que son vacilantes, aunque sean como un apoyo (para ellos). Pues al licencioso se lo debe tratar incluso como más nocivo que al justo. Efectivamente el primero actúa como una persona sin ley, pero el último actúa como una persona justa entre los demás. Así pues, ustedes hagan la voluntad del Padre, puesto que le pertenecen.

VII. El Padre y los elegidos

El elegido como fragancia del Padre

Porque el Padre es dulce y lo que hay en su voluntad es bueno. Ha tomado conocimiento de lo que es suyo para que puedan reposar en Él. Porque por los frutos se toma el conocimiento de las cosas que son suyas, ya que los hijos del Padre *pág. 34* son su fragancia, pues existen desde la gracia de su rostro. Por esta razón el Padre ama su fragancia y la manifiesta en toda región, y si la mezcla con la materia, da su fragancia a la luz y en su Silencio la hace superar toda forma (y) todo sonido, pues no son los oídos los que perciben la fragancia, sino que es el hálito que tiene el sentido del olfato y atrae la fragancia hacia sí y se sumerge en la fragancia del Padre, de manera que así lo protege y lo lleva al lugar de donde vino, de la fragancia primera que se ha enfriado como algo en una obra psíquica, semejante al agua fría que se congela sobre la tierra que no es firme y que los que la ven piensan que es tierra, pero después de nuevo se disuelve. Las fragancias, pues, que se han enfriado provienen de la división. Por este motivo vino la fe, disolvió la división y aportó el Pleroma cálido de amor para que el frío no vuelva de nuevo, sino que exista la unidad del pensamiento perfecto.

Perfeccionamiento en el Padre

Ésta es la Palabra del evangelio del descubrimiento del Pleroma, para los que esperan *pág. 35* la salvación que viene de lo alto. Mientras que su esperanza, por la que esperan, está en expectativa, ellos cuya imagen es luz, sin ninguna sombra, entonces, en ese momento, el Pleroma sobreviene. La deficiencia material no proviene de la infinitud del Padre, el que viene a dar tiempo para la deficiencia, aunque nadie podría sostener que lo incorruptible pudiera venir de esta manera. Pero la Profundidad del Padre se multiplicó y el pensamiento del Error no existía con él. Es algo que declina, es algo que fácilmente se pone derecho de nuevo con el descubrimiento de Aquel que ha venido hacia él al que recuperará. Porque este retorno es llamado arrepentimiento. Por este motivo la incorruptibilidad ha soplado y ha ido detrás del que ha pecado para que pueda descansar. Porque la clemencia es lo que queda para la luz en la deficiencia, la Palabra del Pleroma. En efecto, el médico va ligero hacia el lugar en donde hay un enfermo, porque ahí está la voluntad que hay en él. El que es deficiente, entonces, no se oculta, porque uno posee lo que al otro le falta. De esta manera el Pleroma que no es deficiente, pero que colma la deficiencia, es lo que *pág. 36* Él suministró desde sí mismo para completar lo que le falta, para que así reciba la gracia. Cuando era deficiente, no tenía la gracia. Por esto había deficiencia en el lugar en donde no había gracia. Una vez que aquélla, que estaba disminuida, se recibió, reveló lo que le faltaba, siendo (ahora) Pleroma, es decir, el descubrimiento de la Luz de la Verdad que apareció sobre él porque ésta es inmutable.

Unción del elegido y el paraíso como lugar del reposo

Por esto se habló de Cristo en su medio para que los que estaban angustiados pudieran retornar y Él pudiera ungirlos con el ungüento. Éste es la misericordia del Padre que tendrá misericordia de ellos. Pero aquellos a los que ha ungido son los perfectos. Porque los vasos llenos son los que habitualmente se untan. Pero cuando la untura de un vaso se disuelve, está vacío y el motivo de su deficiencia es la causa por la que su untura desaparece. Porque en ese momento lo atrae un soplo, algo por el poder de lo que está con él. Pero de aquel que carece de deficiencia ningún sello es levantado, ni nada se derrama, sino que aquello de lo que está falto el Padre perfecto una vez más lo llena. Él es bueno. Conoce a sus simientes, porque es el que las ha sembrado en su paraíso. Pero su paraíso es su lugar de reposo. Éste *pág. 37* es la perfección en el pensamiento del Padre, y éstas son las palabras de su reflexión. Cada una de sus palabras es la obra de su voluntad única en la revelación de su Palabra. Mientras estaban todavía en la profundidad de su pensamiento, la Palabra que fue la primera en adelantarse las reveló junto con el Intelecto que profiere la Palabra única en la gracia silenciosa. Ha sido llamado Pensamiento, porque estaba en Él antes de revelarse. Le correspondió, pues, adelantarse la primera cuando la voluntad de Aquel que quiso lo determinó.

La voluntad inescrutable del Padre

Pero la voluntad es que el Padre esté en reposo y complacido. Nada sucede sin la voluntad del Padre, pero su voluntad es inescrutable. Su huella es la Voluntad y nadie puede conocerla ni es posible a nadie escudriñarla para comprenderla. Pero cuando quiere, lo que quiere ahí está, aun cuando el espectáculo no les agrade del modo que sea ante Dios, cuando el Padre quiere. Porque conoce el comienzo de todos y su final. Al final, efectivamente, los interpelará directamente. Pero el fin consiste en conocer al que está oculto, y Éste es el Padre, *pág. 38* del que ha salido el principio y hacia el que retornarán los que han salido de Él. Ellos, por otra parte, han aparecido para la gloria y la alegría de su nombre.

VIII. El nombre del Padre es el Hijo

El nombre del Padre, empero, es el Hijo. Es Él el que en el Principio dio un nombre al que ha salido de sí, que era Él mismo y al que engendró como Hijo. Le ha dado su nombre, el que le perteneció; es aquel al que le pertenece todo lo que existe en torno al Padre. Suyo es el nombre; suyo es el Hijo. Es posible para éste verlo. Pero el nombre es invisible porque sólo él es el secreto del Invisible que viene a los oídos que están completamente llenos de él por él. Porque, realmente, el nombre del Padre no es dicho, sino que se revela por medio del Hijo. Entonces y siendo así ¡grande es el nombre! ¿Quién, entonces, podrá pronunciar un nombre para Él, el gran nombre, salvo Él solo al que pertenece el nombre y los hijos del nombre, en los que descansó el nombre del Padre, los que a su vez descansaban en su nombre? Puesto que el Padre es inengendrado, Él solo es el que lo engendró como nombre para sí mismo antes de producir los eones, para que el nombre del Padre estuviese sobre sus cabezas como Señor, el que es el nombre *pág. 39* verdadero, firme en su autoridad por la potencia perfecta. Porque el nombre no pertenece a las palabras ni su nombre forma parte de las denominaciones sino que es invisible. Se dio un nombre para sí solo, puesto que Él solo se contempla y solo tiene capacidad para darse un nombre. Porque el que no existe carece de nombre. Pues ¿qué nombre se puede dar al que no existe? Pero Él que es, es asimismo con su nombre, y el único que le conoce y el solo que sabe darle un nombre es el Padre. El Hijo es su nombre. Por lo tanto no lo ha ocultado, sino que ha existido y en cuanto es el Hijo, sólo Él dio un nombre. El nombre, por lo tanto, es del Padre, igual que el nombre del Padre es el Hijo. Puesto que ¿en dónde la misericordia encontraría este nombre, si no es junto al Padre? Pero seguro que alguno dirá a su vecino: "¿Quién dará un nombre al que existía antes que él, como si los niños no recibieran un nombre *pág. 40* de los que los han engendrado?" Primero, entonces, nos conviene entender acerca de este tema: "¿qué es el nombre?". Éste es el nombre auténtico; por lo tanto no es el nombre que deriva del Padre, puesto que es el nombre propio. No ha recibido, por consiguiente, el nombre en préstamo como los demás, según el modo como cada uno es producido, sino que éste es el nombre propio. No hay ningún otro al que se lo haya dado. Pero Él es innominable e indescriptible, hasta el momento en que éste, que es perfecto, sólo lo expresó. Y Él es el que tiene el poder para proclamar su nombre y contemplarlo. Por consiguiente, cuando le ha parecido bien que su nombre amado sea su Hijo y le dio el nombre a Él, éste que salió de la profundidad, expresó sus realidades, sabiendo que el Padre es carente de mal. Por esto también lo ha enviado para que hablase del lugar y de su lugar de reposo desde el que ha venido *pág. 41* y glorificase al Pleroma, la grandeza de su nombre y la dulzura del Padre.

IX. El reposo del Padre

Sobre el lugar de donde ha venido cada uno hablará y hacia la región en la que ha recibido su constitución retornará con prisa y abandonará esta región, la región donde se halló recibiendo gusto de aquel lugar, nutriéndose y creciendo. Y su lugar propio de reposo es su Pleroma. De este modo todas las emanaciones del Padre son plenitudes, y la raíz de todas estas emanaciones está en que a todas las hizo crecer en Él mismo. Él les ha asignado sus destinos. Cada una de ellas se ha manifestado, para que por su propio pensamiento [...]. Porque el lugar hacia el que extienden su pensamiento, ese lugar, su raíz, es la que las eleva en todas las alturas hacia el Padre. Toman posesión de su cabeza, que es reposo para ellas, y son sostenidas, uniéndosele, de manera que dicen que han participado de su rostro con sus besos. Pero no se manifiestan *pág. 42* de esta manera, ya que no

EVANGELIO DE VALENTINO

I. Jesús asciende a los cielos y desciende
de ellos para adoctrinar a sus discípulos

1. Cuando Jesús resucitó de entre los muertos, pasó once años
hablando con sus discípulos. 2. Y les enseñaba incluso los lugares no sólo de los primeros preceptos, sino hasta los lugares del
primer misterio, el que se encuentra en el interior de los velos,
en el interior del primer precepto, que es él mismo el misterio
veinticuatro, sino que también las cosas que se hallan más allá,
en el segundo lugar del segundo misterio, que está antes que
todos los misterios. 3. Y dijo Jesús a sus discípulos: "He venido
de ese primer misterio, que es el mismo que el último misterio,
que es el veinticuatro". 4. No obstante, los discípulos no enten-
dían estas palabras, porque ninguno de ellos había penetrado
aquel misterio, que, sin embargo, lo consideraban como la cima
del universo y como la cabeza de todo lo que existe. Y creían que
era el fin de todos los fines, porque Jesús les había dicho, en
cuanto a ese misterio, que envuelve al primer precepto, los cinco
moldes, la gran luz y los cinco asistentes, y también todo el tesoro de la luz. 5. Pero Jesús todavía no había anunciado a sus discípulos toda la emanación de todas las regiones del gran invisible, y de los tres triples poderes, y de los veinticuatro invisibles,
y de sus regiones, y de sus eones, y de sus rangos, todo según la
forma como emanan aquellos que son los mismos que los *próbolos* del gran invisible, y no les había explicado sus nacimientos, y
sus creaciones, y su vivificación, y sus *archones*, y sus ángeles, y sus

arcángeles, y sus decanos, y sus satélites, y todas las moradas de sus esferas. 6. Jesús no había hablado a sus discípulos de toda la emanación de los *próbolos* del tesoro de la luz, ni tampoco de sus salvadores, de acuerdo con la disposición de cada uno de ellos y su tipo de existencia. No les había hablado del lugar de los tres *amén* que están dispersos en el espacio. 7. Tampoco les había dicho de qué sitio emergen los cinco árboles, ni los siete *amén,* que son los mismos que las siete voces, ni cuál es su zona de acuerdo con la forma de la emanación. 8. Y Jesús no había dicho a sus discípulos cuáles son las regiones de los cinco asistentes, ni dónde se encuentran, ni les había hablado de los cinco círculos, ni del primer precepto, ni en dónde están. 9. Hablando con sus discípulos únicamente había revelado la existencia de esos seres, pero no les había explicado su emanación y el rango de su región, y ellos no sabían que había otras regiones dentro de ese misterio. 10. Y no había mencionado de qué lugar había surgido hasta que había entrado en ese misterio en el momento en que fue emanado, sino que sólo les había dicho: "Yo he salido de este misterio". 11. Por eso ellos pensaban sobre ese misterio que era el fin de todos los fines y la cumbre del universo. Y Jesús dijo a sus discípulos: "Ese misterio envuelve todas las cosas que les he dicho desde el día en que he venido hasta hoy". 12. Y por eso los discípulos no creían que cupiese alguna otra cosa en el interior de ese misterio. 13. Sucedió que estando sus discípulos en el Monte Olivete dijeron con gran alegría estas palabras: "Nosotros somos más felices que cualquier hombre, ya que el Salvador nos ha revelado todo, y tenemos toda elevación y toda perfección". 14. Y, mientras conversaban así, Jesús estaba sentado un poco aparte. Y ocurrió que el día quince de la luna del mes de *têbêth,* día en que había plenilunio, el sol, elevándose en su carrera cotidiana, emitió una luz incomparable. 15. Porque provenía de la luz de las luces, y vino sobre Jesús, y lo envolvió completamente. Y estaba un poco alejado de sus discípulos y brillaba de un modo sin igual. 16. Y los discípulos no podían ver a Jesús, porque la luz que lo rodeaba los cegaba. 17. Únicamente veían los haces de luz. Y éstos no eran semejantes entre sí, y la luz no era igual, y se dirigía en varios sentidos, de abajo hacia arriba, y el resplandor de esta luz surcaba de la Tierra a los cielos. Y los discípulos, viendo aquella luz, sintieron gran azoramiento y gran temor. 18. Entonces sucedió que un enorme resplandor luminoso se posó sobre Jesús y lo rodeó lentamente. Y Jesús se elevó en el espacio, y los discípulos lo observaron hasta que subió al cielo, y todos se quedaron en silencio. 19. Aconteció esto el decimoquinto día del mes de *têbêth*. 20. Y cuando Jesús ascendió al cielo, después de la hora de tercia, todas las fuerzas de los cielos se turbaron y se sacudieron entre sí, y todos los eones y todas las regiones, y sus órdenes, y la Tierra entera, y sus habitantes fueron estremecidos. 21. Y los discípulos y todos los hombres se irritaron, y creyeron que era posible que el mundo fuese a ser destruido. 22. Y todas las fuerzas del cielo no retrocedían en su movimiento y se sacudieron entre sí desde la hora de tercia de aquel día hasta la de nona del siguiente. Y los ángeles y arcángeles, y todas las potencias de las regiones superiores entonaban himnos, y todos escuchaban sus cánticos, que continuaron hasta la hora nona del siguiente día. 23. No obstante, los discípulos estaban congregados y llenos de miedo. Se asustaban por lo que sucedía, y lloraban, diciendo: "¿Qué sucederá? ¿El Salvador destruirá todas las regiones?" 24. Hablando de esa manera derramaban lágrimas, y a la hora de nona del día siguiente, los cielos se abrieron y vieron descender a Jesús en medio de un inmenso resplandor. 25. Y este resplandor no era uniforme, sino que se dividía de muchas formas, y unos brillaban más que otros. Había tres tipos que brillaban de distinta forma, y la segunda estaba sobre la primera, y la tercera estaba por encima de las demás. Y la primera era análoga a la que envolvió a Jesús cuando ascendió al cielo. 26. Y cuando los discípulos vieron tal, quedaron llenos de miedo. Y Jesús, misericordioso y dulce, les habló y dijo: "Tranquilícense y no teman nada". 27. Y oyendo los discípulos estas palabras, dijeron: "Señor, si tú quitas de ti esa luz deslumbrante, podremos seguir aquí. De otra manera, nuestros ojos se cegarán, y es por esa luz que nosotros y el mundo entero estamos azorados. 28. Y Jesús hizo desaparecer aquella luz, y los discípulos, tranquilizados, fueron hacia él, y prosternándose unánimemente, lo adoraron, diciendo: "Maestro, ¿adónde has ido? ¿A qué te han llamado? ¿Y de dónde proceden todas estas perturbaciones?"29. Y Jesús, todo misericordia, les dijo: "Regocíjense, porque, a partir de este momento, yo les hablaré con toda claridad, desde el principio de la verdad hasta su fin, y sin parábola. 30. No les ocultaré nada respecto a las cosas que pertenecen a las regiones superiores, y a las regiones de la verdad. Porque me lo ha autorizado el Inefable, por el primer misterio de los misterios, para que yo les hable desde el principio hasta la consumación, y desde las cosas interiores a las exteriores, y viceversa. Escuchen y les diré todas estas cosas. 31. Ocurrió que, estando yo sentado algo lejos de ustedes en el Monte Olivete, meditaba sobre la misión para la que he sido enviado, que está cumplida, y sobre el último misterio, que es el mismo que el veinticuatro misterio, desde las cosas interiores hasta las exteriores, y en que todavía no me había sido enviado una vestidura. Y estas cosas son en el segundo puesto del primer misterio. 32. Y sucedió que, cuando yo comprendía que el fin del misterio para el que he venido estaba cumplido ya, y que el misterio no me había aún enviado mi veste, reflexionando sobre esto, en el Huerto de los Olivos, cerca de ustedes, el sol se levantó a los lugares en que lo ha colocado el primer misterio que lo ha creado, y, según la orden del primer misterio, mi veste de luz me fue enviada, la cual me había sido dada desde el principio, y yo me puse en el último misterio, que es el veinticuatro misterio, a contar desde los que están en el segundo lugar del primer misterio. 33. Y esta veste yo la he puesto en el último misterio, hasta cumplir el tiempo en que debía empezar a predicar a la humanidad y a revelar todas las cosas desde el principio de la verdad hasta su fin, hablando desde lo interior de lo interior hasta lo exterior de lo exterior. 34. Regocíjense, pues, y sientan gozo, puesto que les ha sido otorgado que les hable desde el principio hasta el fin de la verdad. Y los he elegido desde el principio por el primer misterio. 35. Regocíjense, porque, al descender en el mundo, conduzco desde el comienzo doce fuerzas, que he tomado de los doce salvadores del tesoro de la luz, según el mandato del primer misterio. Y las he arrojado en el seno de vuestras madres y con las que hoy están en nuestro cuerpo. 36. Y estas fuerzas me han sido otorgadas por encima de todo el mundo, porque ustedes deben salvar al mundo entero, y para ello es preciso que puedan sufrir las amenazas de los señores del mundo, y los peligros del mundo, y sus penas, y sus persecuciones. 37. Les he dicho que la fuerza que está depositada en ustedes la he extraído de los doce salvadores que están en el tesoro de la luz. Y por eso les he dicho desde el principio que ustedes no son de este mundo, ni yo tampoco lo soy. 38. Y los hombres que son del mundo han tomado las almas de los *archones* de los eones. Pero la fuerza que está en ustedes viene de mí y pertenece a las regiones superiores. Yo he conducido a los doce salvadores del tesoro de la lúz, de los que he tomado una parte de mi fuerza. 39. Y cuando he venido al mundo, he venido entre los ángeles de las esferas, semejante a Gabriel, el ángel de los eones, y los *archones* de los eones no me han conocido, sino que creían que era el ángel Gabriel. 40. Y ocurrió que cuando estuve entre los jefes de los eones, miré desde arriba el mundo de los hombres, según el mandato del primer misterio, y hallé a Isabel, madre de Juan el Bautista, antes que lo hubiese concebido. 41. Y puse en ella la fuerza que había recibido del pequeño Iâo, el bueno, que está en el centro, para que pudiese predicar, antes que yo, y preparar mis caminos, y para que bautizase con el agua de remisión de los pecados. 42. Y en el sitio de un *archón* destinado a recibirlos, encontré el alma del profeta Elías en la esfera de los eones, y recibí su alma, y la llevé a la Virgen, hija de la luz, y ella la dio a sus herederos, que la llevaron al seno de Isabel. 43. La fuerza de Iâo, aquel que está en el medio, y el alma de Elías, el profeta, han sido unidas en el cuerpo de Juan el Bautista. 44. Y porque dudaron cuando yo les dije que Juan había declarado ser el Cristo él, ustedes contestaron que estaba en la Escritura que, si el Cristo venía, Elías vendría con él, y le prepararía los caminos. 45. Mas, al hablarme así, yo les contesté: Elías ha venido, y lo ha preparado todo, como está escrito. 46. Y como vi que no comprendían que el alma de Elías estaba en Juan el Bautista, les hablé en parábola".

II. Jesús promete a sus discípulos instruirlos en todos los misterios

1. Y Jesús siguió hablando, y dijo: "Y según el mandato del primer misterio, miré desde arriba el mundo de los hombres y hallé a María, que es llamada mi madre carnal, y le hablé en figura de Gabriel. 2. Y cuando ella se elevó hacia mí, yo puse en ella la primera fuerza, que he recibido de Barbelón, es decir, el cuerpo que viene de las regiones superiores. 3. Y en el sitio del alma puse en ella la fuerza que he recibido del gran Sabach, el bueno, que está en el hemisferio de la derecha. Y las doce fuerzas de los doce salvadores del tesoro de la luz que yo he recibido de los doce diáconos que están en el centro, y la llevé a la esfera de los *archones*. 4. Y los decanos de los *archones* y sus satélites creyeron que eran las almas de los *archones*, y las llevaron a los satélites, y yo las puse en el cuerpo de sus madres. 5. Y cuando se cumplió el tiempo, los parieron, y en ustedes no había nada del alma de los *archones*". 6. Y cuando Jesús hubo dicho todas estas cosas a sus discípulos en el Monte Olivete, continuó instruyéndolos. 7. Y dijo: "Regocíjense y que la alegría descienda sobre su alegría. 8. Porque los tiempos se han cumplido, y yo me vestiré con el ropaje que me ha sido preparado desde el principio, y que he puesto en el último misterio hasta el tiempo de su perfección. 9. Mas su tiempo no se había cumplido, y ya no podía hablarles de la verdad desde su principio hasta su fin, como ha de ser para que el mundo sea salvado por ustedes. 10. Regocíjense, pues, oh, dichosos entre todos los hombres, porque han de salvar al mundo". 11. Y cuando Jesús hubo concluido de hablar así, dijo: "He aquí que recibo mi vestidura, y que toda ciencia me es dada por el primer misterio. 12. Esperen un poco, y yo les revelaré todo misterio y toda pleroma, y nada les ocultaré a partir de hoy. 13. Mas en la perfección, yo los instruiré de toda perfección y de todos los misterios que son en sí mismos el fin de todos los fines y la gnosis de todas las gnosis, que hay en mi vestidura. 14. Y les explicaré todos los misterios, desde el interior de los interiores hasta el exterior de los exteriores. 15. Escuchen, pues, y oigan todas las cosas

que me han sucedido. 16. Y ocurrió que cuando el sol se levantó en Oriente, descendió una gran potencia de la luz, y en la que venía mi investidura, que yo he puesto en el veinticuatro misterio, según les he explicado. 17. Y encontré el misterio de mi investidura, escrito en las cinco palabras que pertenecen a las regiones superiores, y que son: *Zama, zama, òza ráchama òzai*. 18. Y su explicación es ésta: El misterio que está fuera del mundo y que es causa de que el mundo haya sido hecho es toda la agresión y toda la elevación, proyecta todas las emanaciones y está en todas ellas. 19. Y has venido a nos, para que nos asociemos contigo, nos enteros estamos contigo. Y nos somos uno e idéntico, y tú eres uno e idéntico. 20. Y éste es el primer misterio hecho desde el principio, y que es inefable ante la emanación. Y todos nosotros somos su nombre. 21. Y nosotros, pues, vivimos enteramente para ti, en el último límite, que es lo mismo que el último misterio desde lo interior. 22. Y te hemos enviado tu investidura, que es tuya desde que en el principio la situaste hasta el último límite, y hasta que su tiempo se cumplió, según disposición del primer misterio. 23. Y habiéndose cumplido el tiempo, te la daré. 24. Ven a nos, para que seamos en ti, para que te revistamos del primer misterio y de toda su gloria, según mandato del que nos ha dado el primer misterio. 25. Porque tú eres nuestro predecesor y has sido hecho antes que nosotros. 26. Reviste tu investidura y ven a nos, que necesitamos de ti. 27. Para que revistamos con ella hasta que el tiempo marcado por el Inefable se haya cumplido. 28. Y el tiempo se ha cumplido ya. Ven, pues, a nos para que te revistamos hasta que cumplas todo el ministerio de la perfección del primer misterio determinado por el Inefable. 29. Ven a nos y deja el mundo. Y recibirás toda tu gloria, que es la gloria del primer misterio. 30. Y, cuando reconocí el misterio de esas palabras en la investidura que Él me había enviado, me revestí de ella, y me convertí en una luz inmensa, y volé a las regiones superiores, y llegué a las puertas del firmamento transformado en claridad incomparable.

III. Cristo explica a sus discípulos su viaje
a través de las distintas esferas

1. Y todas las puertas del firmamento se abrieron ante mí. 2. Y
subí a la primera esfera, y brillé con una luz inmensísima, cincuenta y nueve veces mayor que aquella con que destellé en el
firmamento. 3. Y cuando llegué a las puertas de la primera esfera, todas se abrieron a la vez por sí solas. 4. Y cuando entré en el
círculo de las esferas emanando una luz infinita, todos los *archones* fueron en turbación viendo el esplendor que me pertenecía.
5. Y mirando mi ropaje, vieron el misterio de su nombre, y su turbación aumentó. 6. Y tuvieron gran espanto y dijeron: ¿Qué
cambio nos ha producido el señor del firmamento? 7. Y todas sus
filas y sus lazos se rompieron. 8. Y cada uno se detuvo en su fila,
y me adoraron a mí y a mi investidura, y cantaron himnos del
interior de los interiores, con gran temor y desconcierto. 9. Y fui
a las puertas de la segunda esfera, que es el Heimarméné y sus
puertas se abrieron por sí mismas. 10. Y entré en el ámbito de
Heimarméné, rodeado de una luz formidable, y no había ningún
género de luz que no fuese en mí. 11. Y la luz era cuarenta y nueve veces más grande allí que en la primera esfera. 12. Y todos los
archones de la segunda esfera cayeron, en su turbación, unos sobre otros, llenos de espanto ante la luz que me pertenecía. 13. Y
viendo en mi vestidura el misterio de su nombre, quedaron des-
concertados, y se preguntaban: ¿Cómo es que el Señor nos ha
cambiado, sin saberlo nosotros? 14. Y los lazos de sus lazos, y de
sus filas, y de sus cimientos, fueron rotos. 15. Y cada uno se detuvo en su puesto y, prosternándose ante mí y ante mi veste, me
adoraron. 16. Y cantaron un himno desde el interior de los interiores, y estaban llenos de temor y de turbación. 17. Y, dejando
aquel lugar, subiendo hacia los grandes *archones* de los eones, llegué a sus velos y a sus puertas, entre una claridad inmensa, y no
había especie de luz que no fuese en mí. 18. Y cuando llegué a
los doce eones, sus puertas se conmovieron, y sus velos se plega-
ron por sí mismos, y sus puertas se abrieron a la vez. 19. Y entré
entre los eones destellando un resplandor inmenso, en que nin-

gún género de luz faltaba, y este resplandor era cuarenta y nueve veces más grande que en el Heimarméné. 20. Y sus ángeles, y sus eones, y sus arcángeles, y sus *archones*, y sus dioses, y sus señores, y sus fuerzas, y sus luminarias, y sus antepasados, y sus triples poderes, vieron que yo era luz infinita, al que ninguna especie de luz es ajena. 21. Y se desconcertaron, y un gran pavor los domi-nó cuando vieron la luz deslumbrante que había en mí. 22. Y su pavor y turbación llegaron hasta las regiones del Gran Maestro de los cielos, y de los tres grandes triples poderes. 23. Y por su gran espanto, el Gran Maestro y los tres grandes triples poderes, corrían de un lado para otro, y no pudieron cerrar sus regiones, a causa del gran temor que experimentaban. 24. Y reunieron todos sus eones, y todas sus esferas, y todos sus súbditos, espan-tados por el gran resplandor que veían en mí. 25. Porque el mun-do no hubiera podido soportar la luz que había en mí entre los eones, y se hubiera disuelto. 26. Y yo brillaba allí con una luz ocho mil setecientas veces mayor que la que fue conmigo cuan-do yo estaba en el mundo con vosotros. 27. Y cuantos había en el círculo de los doce eones se aturdieron, viendo la luz que me envolvía, y corrían de un lado para otro. Y todas sus regiones, y sus cielos, y sus mundos, se conmovieron, porque no conocían el misterio que se había cumplido. 28. Y Adamas, el gran tirano, y todos los tiranos que están en los eones comenzaron a combatir contra la luz. 29. Y no pudieron ver lo que combatían, porque no veían nada más que una luz muy brillante. 30. Y cuando comba-tían contra la luz, sucumbieron todos y, cayendo sin fuerza, que-daron sin aliento, como los habitantes de la tierra al morir. 31. Y yo les arrebaté la tercera parte de su fuerza, para que no pudie-ran persistir en sus malos actos, ni los hombres de la Tierra los invocasen en sus misterios revelados por los ángeles pecadores, y que constituyen la magia. 32. Y así, si los hombres los invocasen con fines perversos, no podrán ejecutar malas acciones. 33. Y troqué los Heimarménés y las esferas que son sus soberanas. Y las volví durante seis meses a la izquierda y seis meses a la derecha, ejerciendo sus influencias, según el mandato del primer precep-to y según el mandato del primer misterio. 34. Y Iâo, el guardián de la luz, las había colocado mirando siempre a la izquierda, y ejerciendo así sus influjos y sus funciones. 35. Y he aquí que cuando yo llegaba a sus regiones, fueron rebeldes y se mostraron hostiles a la luz. 36. Y por eso les quité la tercera parte de su fuerza, para que no pudiesen ejercer sus prácticas malévolas. 37. Y cambié los Heimarménés y las esferas, poniéndolas a la derecha seis meses para ejercer sus influjos, y seis meses a la izquierda".

IV. Diálogo de Jesús con la Virgen María

1. Y cuando el Salvador hubo hablado así, dijo: "Aquel que tenga oídos para oír oiga". 2. Y cuando María oyó las frases del Salvador, miró al espacio durante una hora. 3. Y dijo: "Señor, permíteme hablar con sinceridad". 4. Y Jesús misericordioso contestó a María: "Eres dichosa, María, y yo te instruiré de todos los misterios concernientes a las regiones superiores. 5. Habla con sinceridad, tú, cuyo corazón está más enderezado que el de todos tus hermanos hacia el reino de los cielos". 6. Y María dijo al Salvador: "Señor, tú has dicho: Oiga quien tenga oídos para oír, para que entendamos las palabras que nos has dicho. 7. Escúchame, Señor: Tú has dicho: Arrebaté la tercera parte de todos los *archones* de los eones, y cambié los Heimarménés, y las esferas que son sus soberanas, para que, si la raza de los hombres que están en el mundo las invocase en los misterios que los ángeles pecadores les han enseñado para ejercer malos actos en los misterios de su magia, no pudiesen desde entonces ejercerlos. 8. Puesto que tú les has arrebatado su fuerza, aquellos que muestran a los hombres las cosas que están en el porvenir no tendrán, desde ahora, la facultad de adivinar lo venidero, porque tú has cambiado sus esferas y las has hecho ejercer su influjo seis meses a la derecha y seis a la izquierda. 9. De tus palabras, Señor, ha hablado la fuerza que residía en Isaías el profeta, y que dijo en parábolas, al hablar de Egipto: ¿Dónde están, oh, Egipto, tus adivinos y tus intérpretes y tus evocadores? La fuerza que había en Isaías, el profeta, ha profetizado, antes que tú vinieses, que tú quitarías

su fuerza a los *archones* de los eones, y que cambiarías sus Hei-marménés y todas sus esferas. 10. Y cuando el profeta dijo: No saben lo que hará el Señor; significaba que ninguno de los *archones* sabía lo que tú efectuarías ahora, y lo que dijo Isaías de Egipto debe entenderse también de la materia sin eficacia. 11. E Isaías hablaba de la fuerza que hay hoy en tu cuerpo material, y que tú has tomado de Sabaoth, el bueno, que está en el hemisferio de la derecha. 12. Y por eso, Señor Jesús, nos has dicho: Quien tenga oídos oiga, porque tú sabes si el corazón de cada uno aspira ardientemente hacia el reino de los cielos". 13. Y cuando María dejó de hablar, dijo el Salvador: "María, dichosa tú eres entre to-das las mujeres de la Tierra, porque tú serás el pleroma de todos los pleromas y el fin de todos los fines". 14. Y María oyendo hablar así a Jesús, sintió júbilo extremo, y se arrodilló y adoró sus pies. 15. Y dijo: "Señor, óyeme, y permite que te interrogue res-pecto a las palabras que has dicho acerca de las regiones en que has estado". 16. Y Jesús contestó a María, y dijo: "Habla con franqueza y no temas, que yo te revelaré cuanto me preguntes". 17. Y ella dijo: "Señor, los hombres que saben los misterios de la magia de los *archones* de los eones y la magia de los *archones* de la Heimarméné y la de los de la esfera, según los ángeles malos les han enseñado, y los invocan en sus misterios, que son su ma-gia, para impedir las buenas acciones, ¿podrán ahora cumplir sus designios o no?"18. Y Jesús, contestando a María, dijo: "No los cumplirán como los cumplían desde el principio, cuando yo les quité la tercera parte de su fuerza. Pero lo harán quienes cono-cen los misterios de la magia del tercer eón". 19. Y cuando Jesús dijo estas palabras, María se levantó y dijo: "Señor, los adivinos, y los astrólogos, ¿mostrarán desde ahora a los hombres las cosas futuras?"20. Y Jesús contestó a María: "Si los astrólogos observan las Heimarménés y las esferas cuando estén vueltas a la izquier-da, según su primera emanación, sus palabras se cumplirán y dirán lo que ha de ocurrir. 21. Pero si se observan las Heimar-ménés y las esferas cuando estén vueltas a la derecha, no dirán nada verdadero. 22. Porque sus influencias estarán trocadas, así como sus cuatro ángulos, y sus tres ángulos, y sus ocho figuras.

23. Porque desde el principio sus cuatro ángulos, y sus tres ángulos y sus ocho figuras estaban vueltos hacia la izquierda Pero yo los cambiaré, haciendo que se vuelvan seis meses a la izquierda y seis a la derecha. 24. Y el que haya encontrado su orden desde que yo los cambié, disponiendo que seis meses miren a la izquierda y seis a la derecha; quien los haya observado de esta manera, sabrá exactamente sus influjos y anunciará cuantas cosas harán. 25. E igual será para los adivinos, si invocan el nombre de los *archones* cuando sus influencias, vueltas hacia la izquierda, se les manifiesten. 26. Y asimismo con todas las cosas sobre las que interroguen a los decanos. 27. Mas si los adivinos invocan sus nombres cuando tienen la faz hacia la derecha, no comprenderán nada, pues no estarán en la prístina posición en que Iâo los ha colocado, y tendrán un gran desconcierto al no conocer sus tres ángulos, ni sus cuatro ángulos, ni sus ocho figuras".

V. Diálogo de Jesús con Felipe

1. Y mientras Jesús pronunciaba estas palabras, Felipe estaba sentado, escribiendo todo lo que Jesús decía. 2. Y al concluir, se adelantó y, prosternándose, adoró los pies de Jesús, diciendo: "Señor y Salvador mío, permíteme hablar, para que te interrogue sobre lo que nos has dicho acerca de las regiones en que has estado en virtud de tu misión". 3. Y el Salvador, misericordioso, contestó a Felipe, y dijo: "Tienes permiso. Di lo que quieras". 4. Y Felipe replicó a Jesús: "Señor, tú has cambiado el modo de ser de los *archones*, y los eones, y de sus Heimarménés, y esferas, y de todas sus regiones, y los has desconcertado en su camino y extraviado en su ruta. ¿Has hecho esto para la salvación del mundo, o no?"5. Y Jesús contestó a Felipe y a sus discípulos: "Yo he cambiado su ruta por salvar todas las almas. 6. Porque en verdad les digo: De no haberlos desviado, ellos hubieran perdido muchas almas. 7. Y hubiera pasado mucho tiempo antes de que los *archones* de los eones, y los *archones* de Heimarméné, y de la esfera, y todas sus regiones, y sus cielos, y sus eones, hubieren sido des-

truidos. 8. Y las almas hubieran pasado mucho tiempo fuera de ese lugar, y el número de las almas de justos que fueran puestas por el misterio en posesión de las regiones superiores y en tesoro de la luz hubieran dejado de llenarse. 9. Y por eso he desviado su camino, para que fuesen perturbados, y perdiesen la fuerza que forma la materia de su mundo, para que los que han de salvarse sean prontamente purificados y llevados a las regiones superiores, y para que los que no deban salvarse sean destruidos". 10. Y cuando Jesús hubo dicho estas palabras a sus discípulos, María, la dichosa y de buen lenguaje, se adelantó, y se prosternó a los pies de Jesús, diciendo: "Señor, perdóname si te hablo, y no te enojes contra mí por lo mucho que te interrogo". 11. Y el Salvador, en su misericordia, dijo a María: "Di lo que quieras y te contestaré con claridad". 12. Y María respondió a Jesús: "Señor, ¿cómo se detendrán las almas fuera de ese lugar y cómo serán rápidamente purificadas?" 13. Y el Salvador contestó a María: "María, tú buscas la verdad en todas tus preguntas, que son razonadas, y llevas la luz a todo con tu celo. 14. Desde ahora no les ocultaré nada, mas les revelaré todo con esmero y con claridad. Escúchame, María, y ustedes, discípulos, recojan mi palabra.

VI. Jesús explica a sus discípulos su combate con los seres de las esferas superiores

1. Antes que yo divulgase mi misión a los *archones* de los eones, y a los *archones* de la Heimarméné, y de las esferas, estaban todos ellos ligados a sus cadenas, y a sus esferas, y a sus sellos, según el orden en que Iáo, el guardián de la luz, los situó desde el comienzo. 2. Y cada uno estaba en su puesto y hacía su camino según la forma que le trató Iâo, el guardián de la luz. 3. Y cuando llegó el tiempo de Melquisedec, el gran heredero de la luz, llegó al medio de todos los *archones* y todos los eones, y les quitó la luz pura a todos los eones y *archones* de la Heimarméné y de las esferas. 4. Porque les quitó lo que los había turbado. Y excitó la vigilancia que hay sobre ellos, y les quitó la fuerza que había en ellos, y las lágrimas

de sus ojos, y el sudor de sus cuerpos. 5. Y Melquirededo, el heredero de la luz, purificó estas fuerzas, para llevar su luz al tesoro de la luz. 6. Y los satélites de los *archones* recogieron toda su materia, y los satélites de los *archones* de las Heimarménés, y los satélites de todas las esferas que están debajo de los *archones* la recibieron para hacer las almas de los hombres, y de los rebaños, y de los reptiles, y de las bestias, y de los pájaros, y enviarla al mundo de los hombres. 7. Y las potencias del sol y las potencias de la luna, cuando miraron al cielo y vieron los sitios de los caminos de los eones y de las Heimarménés y de las esferas, vieron que la luz les había sido quitada. 8. Y tomando la luz pura y los residuos de la materia, la acarrearon a la esfera que hay debajo de los eones, para hacer las almas de los hombres, y para hacer los reptiles, y las bestias de carga, y los animales, y los pájaros, siguiendo el círculo de los *archones* de esta esfera, y siguiendo las figuras de su conversión, para echarlas en el mundo de los hombres, y convertirlas en almas de este lugar, según el modo que les he dicho. 9. Y esto hacían con perseverancia, antes que su fuerza no fuese disminuida ni debilitada, y quedaran débiles e impotentes. 10. Y cuando quedaron impotentes y su fuerza hubo cesado, y quedaron debilitados en su fuerza, y la luz que había en su región cesó, y su reino fue disuelto, he aquí que una vez que hubieron conocido por un tiempo estas cosas, Melquisedec, el heredero de la luz, vino de nuevo para entrar en medio de todos los *archones* de los eones y de todos los *archones* de la Heimarméné y de las esferas, y los conturbó, y los oprimió para arrancarles su fuerza, y el aliento de su boca y el sudor de sus cuerpos. 11. Y Melquisedec, el heredero de la luz, los purificó de un modo que efectuó con perseverancia, y llevó su luz al tesoro de la luz. 12. Y cuando yo vine para ascender al ministerio a que he sido llamado por orden del primer misterio, subía en medio de los doce *archones* de los eones, revestido de mi investidura. 13. Y yo resplandecía con una luz inmensa, y no había especie de luz que no estuviera en mí. 14. Y cuando todos los tiranos, el gran Adamas y los tiranos de los doce eones, se esforzaron en combatir con la luz de mi investidura, querían tener su posesión para permanecer en sus reinos. 15. Y lo hacían ignorando a quién combatían. Y cuando combatían con la luz, yo, siguiendo la orden del primer misterio, troqué sus caminos y las armas de sus eones, y las sendas de sus Heimarménés, y las vías de su esfera. 16. Y las puse seis meses mirando los tres ángulos de la izquierda, y los cuatro ángulos y las cosas que están en su región, y sus ocho figuras, según la forma en que estaban desde el comienzo. Y cambié su conversión y su dirección. 17. Mas cuando les quité la tercera parte de sus fuerzas cambié las esferas, a fin de que mirasen un tiempo a la derecha y otro a la izquierda. 18. Y cambié su curso, y toda su vía, y aceleré la vía de su curso, para que fuesen purificados rápidamente, y abrevié su círculo e hice ligera su vía. 19. Y se apresuraron mucho, y fueron excitados en su vía, y no pudieron, desde entonces, devorar la materia de su pura luz. 20. Y abrevié su tiempo y su duración, para que el número de las almas justas que recibiesen los misterios y entrasen en el tesoro de la luz se cumpliese pronto. 21. Si yo no hubiese abreviado su tiempo, ni cambiado su curso, ellos no habrían dejado a ningún alma venir al mundo, por la materia de su residuo, que hubiesen devorado. 22. Y una multitud de almas se habrían perdido. Y por eso yo he dicho: He abreviado el tiempo pensando en mis elegidos. 23. De otro modo, ningún alma hubiera podido salvarse. Y he abreviado los tiempos por las almas justas que han de recibir los misterios, y que son las almas de los elegidos. 24. Y si no hubiese abreviado su tiempo, ningún alma material habría podido salvarse. 25. Sino que habrían sido consumidas en el fuego que está en la causa de los *archones*. 26. Y estas son las cosas sobre las cuales me has preguntado".

VII. Jesús relata su encuentro con la Sabiduría fiel

1. Y cuando Jesús hubo hablado así a sus discípulos, todos se prosternaron a la vez y lo adoraron diciendo: "Nosotros, tus discípulos, hemos sido elevados sobre todos los hombres, por la grandeza de las cosas que nos estás diciendo". 2. Y Jesús siguió ha-

blando, y dijo a sus discípulos: "Escuchen lo que me ocurrió con los *archones* de los doce eones, y con todos sus *archones*, y sus maestros, y sus dignidades, y sus ángeles, y sus arcángeles. 3. Cuando vieron la brillante vestidura que había sobre mí, y cada uno vio el misterio de su nombre en la vestidura brillante de que yo iba cubierto, todos se prosternaron unánimemente, adorando mi brillante investidura, y diciendo: El Señor del universo nos ha cambiado. 4. Y cantaron a coro un cántico desde el interior de los interiores, y todas sus triples potencias, y sus antepasados, y sus ángeles, y sus fuerzas engendradas de sí mismos, y sus virtudes, y sus dioses, y todos sus magnates. 5. Y vieron a los guardianes de sus regiones, al perder parte de su fuerza, caer en una gran debilidad, y tuvieron gran miedo ellos mismos. 6. Y descubriendo el misterio de su nombre en mi envoltura, se apresuraron a venir a adorarlo, y no pudieron por la suma luz que había conmigo. 7. Y alejándose un poco, lo adoraron. Y adoraron la luz de mi investidura, y todos cantaban un himno del interior de los interiores. 8. Y sucedió que cuando los guardianes que hay al lado de los *archones* vieron todas estas cosas, cayeron en el abatimiento y se desplomaron fuera de sus regiones. 9. Y quedaron como los habitantes del mundo cuando son heridos de muerte, y no alentaban, y estaban del mismo modo que cuando yo les arrebaté su fuerza. 10. Y he aquí que cuando yo me alejaba de estos eones, cada uno de los que están en los doce eones fueron restituidos a sus sitios, y cometieron acciones malas, según el modo en que yo los había dispuesto. 11. Porque pasan seis meses vueltos hacia la izquierda, cometiendo hechos generosos en sus tres ángulos, y en sus cuatro ángulos, y en los que están en su región. 12. Y otros seis meses mirando a la derecha, y hacia sus tres ángulos, y hacia sus cuatro ángulos, y hacia los que pertenecen a su región. 13. Y éste es el modo como irán aquellos que están en el Heimarméné y en las esferas. 14. Y ocurrió que subí después a las regiones superiores, hacia los velos de la trecena región de los eones. 15. Y cuando llegué ante sus velos, éstos se abrieron delante de mí. 16. Y entré a la trecena región de los eones, y encontré sola a la Sabiduría fiel, sin que ninguno de los eones estuviese cerca de ella. 17. Y estaba bajo la decimotercera región de los eones, y sentados, y lloraba porque no la habían conducido a la decimotercera región, que es su lugar en las regiones superiores. 18. Y se afligía por los sufrimientos que le había causado el orgullo de uno de los tres triples poderes. Y cuando yo les hable de la emanación, les diré el misterio de su creación. 19. Y cuando me vio la Sabiduría fiel, y contemplé la luz que me rodeaba, y en la que no faltaba ninguna especie de luz, sufrió una gran turbación. 20. Y mirando la luz de mi vestidura, vio el misterio de mi nombre trazado sobre mi vestidura, y todo el esplendor de su misterio como lo había sido desde el principio en las regiones superiores y en la trece región de los eones. 21. Y dirigió un himno a la luz que había en las regiones superiores, que ella vio en los velos del tesoro de la luz". 22. Y cuando Jesús hubo dicho estas cosas a sus discípulos, María se adelantó, y dijo: "Señor, yo te he oído decir que la divina Sabiduría estaba también en los veinticuatro *próbolos*, pero no estaba en su región, porque tú has dicho: Yo la encontré debajo de la decimotercera región de los eones". 23. Y Jesús, contestando, dijo a sus discípulos: "La Sabiduría fiel estaba en la trecena región de los eones, donde están todas sus hermanas invisibles, que son, ellas mismas, los veinticuatro *próbolos* del gran invisible. 24. Y ocurrió que por orden del primer misterio, la Sabiduría divina miró a lo alto y vio las alas del tesoro de la luz. 25. Y deseó ir a aquella región, pero no pudo llegar. Y dejó de efectuar el misterio de la trecena región de los eones, y dirigió un himno a la luz de las regiones inferiores, que está en la luz de las alas del tesoro de la luz. 26. Y cuando ella elevaba su himno a las regiones superiores, todos los *archones* que están en las doce regiones de los eones sintieron odio hacia ella, porque ellos estaban en las regiones inferiores, y ella se detuvo en sus misterios y quiso elevarse por encima de ellos. 27. Y por esto se irritaron contra ellas y la odiaron. 28. Y el gran triple poder orgulloso, que es la tercera de las triples potencias y que reside en la trecena región de los eones, aquel que fue insumiso, no dando toda la pureza de la fuerza que había en él, y no mostrando la luz pura en el tiempo en que los *archones* dieron su pureza, quiso ser soberano en toda la trecena región de los eones y en las que están debajo. 29. Y aconteció que todos los *archones* de las doce regiones de los eones se enfurecieron contra la Sabiduría fiel, que estaba sobre ellos. 30. Y sintieron hacia ella odio sumo, y el gran triple poder orgulloso del que les he hablado siguió a los *archones* de las doce regiones de los eones, y se irritó contra la Sabiduría fiel. 31. Y la odió extremadamente, porque quería ir a la luz que está sobre él, y proyectó fuera de sí una gran fuerza con rostro de león, hecha de la materia de que es él. 32. Y proyectó muchas otras emanaciones materiales, y las proyectó a las regiones inferiores, en medio del caos, para que tendiesen lazos a la Sabiduría fiel y le quitasen la fuerza que hay en ella. 33. Porque quería ir a la región superior que hay sobre ellos, y porque dejó de cumplir sus misterios. 34. Y ella continuó llorando, buscando la luz que había visto. 35. Y los *archones* que permanecían en el misterio de que ellos se ocupan, tuvieron odio contra ella, y todos los guardianes que vigilan las puertas de los eones tuvieron también odio contra ella.

VIII. Asechanzas que tiende el gran triple poder a la Sabiduría fiel

1. Y ocurrió, según disposición del primer orden, que el gran triple poder orgulloso, que es uno de los tres poderes, condujo a la Sabiduría a la decimotercera región de los eones. 2. Y era para que contemplase los lugares del infierno y viese en aquellos lugares su potencia de luz con rostro de león. 3. Y quería que fuese allí, para que le quitasen la luz que había en ella. 4. Y la Sabiduría miró desde arriba, y vio la fuerza de aquella luz en la región de los infiernos, y no supo que pertenecía al triple poder orgulloso. 5. Sino que pensó que provenía de la luz que ella había visto desde el principio en la región superior, y que venía de las alas del tesoro de la luz. 6. Y pensó dentro de sí: Iré a tomar la luz que los eones de la luz han creado para mí, a fin de que yo pueda llegar a la luz de las luces, que está en la altura de las altu-

ras. 7. Y con estos pensamientos salió de su lugar hacia la trecena región de los eones, y subió hacia los doce eones. 8. Y los *archones* de los eones la vieron y se irritaron contra ella, porque quería elevarse a las regiones superiores. 9. Y al salir de las doce regiones de los eones, vino a los parajes del caos, y avanzó hacia la fuerza de la luz con cara de león para devorarla. 10. Y todos los defensores de la materia la rodearon. Y la gran fuerza de la luz con faz de león devoró la potencia de la luz en la Sabiduría y purgó su luz, que ella había devorado, y su materia. 11. Y la arrojaron en el caos, que es en su mitad de llamas y en su otra mitad de tinieblas. 12. Y había un *archón* con rostro de león, y era Ialdabañrt, de quien yo les he hablado muchas veces. 13. Y cuando todo esto sucedió, la Sabiduría se encontró en una extremada debilidad. 14. Y la fuerza de la luz con rostro de león comenzó a arrebatar todas las fuerzas de la luz en la Sabiduría, y todas las fuerzas de la materia del poder orgulloso rodearon a la vez a la Sabiduría y la atormentaron. 15. Y la Sabiduría fiel, lanzando grandes gritos, se dirigió a la luz de las luces que vio desde el principio, implorando su ayuda. 16. Y le suplicó, con estas palabras: Luz de las luces, a quien he implorado desde el comienzo, escucha ahora, ¡oh, luz!, mis súplicas. 17. Protégeme, luz, porque malos pensamientos han entrado en mí. 18. Y he mirado, ¡oh, luz!, las regiones del infierno, y he visto la luz en ese lugar, y he venido aquí pensando alcanzar esa luz. 19. Y he caído en las tinieblas que son el caos del infierno. 20. Y no he podido volver a mi lugar, porque he sido atormentada por todos mis enemigos, y la fuerza del rostro de león me ha arrebatado la luz que había en mí, y yo he implorado tu auxilio, y mi voz no se ha elevado en las tinieblas. 21. Y he mirado a lo alto, para que la luz en la que creo me asista. 22. Y cuando he mirado a lo alto, he visto todos los *archones* de una multitud de eones. 23. Y mirándome en este estado, se alegraban de mis gritos. Y yo no les he hecho ningún mal. 24. Mas me odian sin motivos. Y cuando los *próbolos* del triple poder han visto que los *archones* de los eones se regocijaban de mi mal, han comprendido que los *archones* de los eones no me prestarían su socorro. 25. Y los que me afligían injustamente han tenido confianza y me han arrebatado la luz que yo había recibido de ellos. 26. Mas tú, luz verdadera, sabes que yo he hecho esas cosas cándidamente, creyendo que la luz de faz de león era tuya. 27. Y el pecado que he cometido es patente ante ti. 28. No permitas, Señor, que yo permanezca más tiempo así. Porque yo he creído desde el principio en tu luz. 29. Señor, luz de las fuerzas, no me dejes más tiempo privada de tu luz, porque por ansia de tu luz he caído en la aflicción y la vergüenza me ha cubierto. 30. Y por ansia de tu luz he quedado extraña a mis hermanas invisibles, y a las emanaciones del gran Barbelón. 31. Y esto me ha ocurrido, ¡oh, luz!, porque he deseado penetrar en tu círculo. 32. Y ha venido contra mí la cólera del orgulloso, aquel que no escuchó tu orden para que expandiese su luz. 33. Porque yo he estado en la región de los eones y no he practicado su misterio, y todos los guardianes de las puertas de las regiones de los eones me buscaban, y cuantos comprenden sus misterios me perseguían. 34. Mas yo he mirado hacia ti, luz, y he creído en ti. 35. No me dejes en la aflicción de la oscuridad del caos, mas líbrame de estas tinieblas. 36. Si tú quieres venir a salvarme, grande es tu misericordia; escúchame en la verdad, y sálvame. 37. Estas son las palabras que dijo la Sabiduría fiel, y el que tenga oídos para oír que oiga".

IX. Jesús responde a las consultas de María, Marta y Pedro

1. Y María dijo: "Señor, mis oídos reciben la luz y yo oigo en mí fuerza de luz. 2. Oye, pues, lo que tengo que decir sobre las palabras de la Sabiduría fiel al confesar su pecado. 3. Tu fuerza de luz ha sido profetizada por boca de David, cuando dijo en su salmo sesenta y ocho: Dios mío, protégeme, porque las aguas han llegado hasta mi alma". 4. Y dijo luego María: "Tal es, Señor, la explicación de la súplica de la Sabiduría fiel". (Falta el versículo núm. 5) 6. Y siguió hablando, y dijo: "La Sabiduría fiel elevó un himno de este modo: 7. Luz de las luces, yo creo en ti; no me dejes para siempre en las tinieblas. 8. Ayúdame y protégeme en tus misterios. Acerca tu oído a mí y sálvame. 9. Que la fuerza de tu

luz me preserve y me lleve hasta los eones elevados. 10. Y líbrame de la fuerza de faz de león y de todos mis enemigos. 11. Porque yo he creído en ti desde el comienzo, y tú eres mi salvador y mi tesoro de luz. 12. Mi boca está llena de gloria, para que cante siempre tus alabanzas y el misterio de tu grandeza. 13. No me dejes en el caos y no me abandones. Porque mis enemigos me han querido arrebatar toda mi luz. 14. Vuélvete a mí, ¡oh, luz!, y líbrame de estos malvados. 15. Que quienes han querido quitarme mi fuerza caigan, ¡oh luz!, en las tinieblas". 16. Y cuando dijo estas palabras, Jesús preguntó a sus discípulos: "¿Comprenden lo que les digo?" 17. Y Pedro se adelantó, y dijo: "Señor, no permitas hablar siempre a esta mujer, porque ocupa nuestro puesto y no nos deja hablar nunca". 18. Y Jesús dijo a sus discípulos: "Adelántese y hable aquel en quien obre la fuerza de la inteligencia. 19. Porque yo veo, Pedro, tu fuerza en el conocimiento de las palabras que dijo la Sabiduría fiel. 20. Ven, pues, y da tu explicación entre tus hermanos". 21. Y Pedro fue, y dijo: "Señor, tu fuerza ha sido profetizada por David en el salmo sesenta y nueve, cuando dijo: Señor Dios mío, piensa en socorrerme". 22. Y el Salvador dijo: "Ésa es la explicación del himno de la Sabiduría fiel. 23. Dichosos ustedes entre todos los hombres de la Tierra, porque les he revelado estos misterios. 24. Y en verdad lo digo: Yo les explicaré los misterios de todas las regiones de mi Padre y de todas las regiones del primer misterio. 25. Para que lo que aprueben en la Tierra sea aprobado en el reino de las regiones superiores, y para que lo que rechacen en la Tierra sea rechazado en el reino de mi Padre, que está en los cielos. 26. Escuchen, pues, y entiendan las palabras que la Sabiduría fiel pronunció. 27. Luz de las fuerzas, protégeme. 28. Que los que quieren quitarme mi luz sean hundidos en el caos. 29. Y que sean sumidos en las tinieblas los que me persiguen diciendo: Seremos más fuertes que ella. 30. Que se regocijen cuantos buscan la luz y que digan siempre: Yo celebraré el misterio de los que quieren tu misterio. 31. Protégeme, pues, ¡oh luz!, porque yo necesito mi luz, que mis enemigos me quieren arrebatar. 32. Tú eres mi salvador, luz; sácame y libértame de este caos". 33. Y cuando Jesús hubo expuesto así a sus discípulos el cántico tercero de la Sabiduría fiel, agregó: 34. "Que quien comprenda el sentido del tercer cántico de la Sabiduría fiel se adelante a darnos su explicación". 35. Y Marta se abrazó a sus pies, dando gritos y llorando, y entregándose al dolor y a la humillación. 36. Y dijo: "Señor, ten piedad de mí y extiende sobre mí tu misericordia, y permite que dé yo la explicación del tercer himno de la Sabiduría fiel". 37. Y Jesús, dando la mano a Marta, dijo: "Bienaventurado el que se humille, porque él disfrutará misericordia. 38. Dichosa tú eres, Marta. Danos la explicación del canto de la Sabiduría fiel". 39. Y Marta dijo: "Tu fuerza, Señor, ha sido profetizada en el salmo setenta de David, cuando dijo: Señor, creo en ti. No permitas que yo sea humillado para siempre. 40. Y éste es, Señor, el sentido del tercer himno de la Sabiduría fiel". 41. Y cuando Jesús oyó estas frases de Marta, dijo: "Marta, tú has hablado bien".

X. Interpretación que da Juan
a la cuarta plegaria de la Sabiduría fiel

1. Y Jesús, continuando su discurso, dijo a sus discípulos: "La Sabiduría fiel hizo su cuarta plegaria. 2. Y la dijo antes que la fuerza de rostro de león y las emanaciones materiales que había con ella y que había enviado el poder orgulloso volviesen a atormentarla. 3. Y dijo así: Luz en la que yo he creído, oye mi ruego, y que mi voz ascienda hasta tu morada. 4. No vuelva lejos de mí la imagen de tu luz. 5. Mas dirígela a mí, que estoy en la aflicción. 6. Arráncame, sálvame de esta destrucción, porque mi tiempo desaparece y yo me estoy convirtiendo en materia. 7. Mi luz me ha sido quitada y mi fuerza ha sido destruida. 8. Y he perdido la memoria de mi misterio, al que he sido consagrada desde el principio. 9. Y mi fuerza ha sucumbido en virtud de mi espanto. 10. Y me he convertido como en un demonio que habita en la materia, o como en un decano que está sólo en el aire. 11. Y mis enemigos han dicho: En lugar de la luz que hay en ella, la llenaremos del caos. 12. Y he devorado el sudor de mi sustancia y la

amargura de las lágrimas de la materia de mis ojos. 13. Para que los que me atormentan no me arrebaten estas otras cosas. 14. Y todas estas cosas, luz, me han sucedido por tu disposición, y ha sido tu decisión y tu voluntad que me sucedieran. 15. Y tu voluntad me ha traído al infierno y he venido al infierno como la fuerza del caos. 16. Y mi fuerza se ha helado en mí. 17. Señor: Tú eres la luz en la eternidad y visitas en toda ocasión a los afligidos. 18. Álzate luz, busca mi camino y el alma que hay en mí. 19. Porque se ha cumplido la orden que tú habías dado para mi aflicción. 20. Y ha llegado el tiempo de que yo busque mi camino y mi alma; el tiempo que tú has marcado para buscarme. 21. Y en este tiempo, todos los *archones* de los eones de la materia temerán tu luz. 22. Y todas las emanaciones de la decimotercera región de los eones de la materia temerán los misterios de tu luz. 23. Para que los demás se revistan de la pureza de su luz cuando el Señor busque la fuerza de nuestra alma. 24. Y este misterio es el modelo ofrecido a la raza que está por crear, y esta raza eleva un himno a las regiones superiores. 25. Y la luz mira desde lo alto de su luz y mirará toda la materia, para oír los gemidos de los que están encadenados. 26. Para romper la fuerza de las almas, cuya fuerza ha sido sujeta, y para poner su nombre en el alma y su misterio en la fuerza". 27. Y cuando Jesús hubo hablado así a sus discípulos, dijo: "He aquí la cuarta plegaria de la Sabiduría fiel. Y el que sepa comprender que comprenda". 28. Y cuando Jesús dijo esto, Juan se adelantó, y adoró el pecho de Jesús, y dijo: "Señor, perdóname y déjame que yo dé la explicación de la cuarta plegaria que elevó la Sabiduría fiel". 29. Y Jesús dijo a Juan: "Yo te autorizo y te animo a dar la explicación de la cuarta plegaria que elevó la Sabiduría fiel". 30. Y Juan repuso y dijo: "Señor, tu fuerza ha profetizado lo que dijo la Sabiduría fiel en el salmo ciento uno de David. 31. Señor: Oye mi plegaria y que mis clamores lleguen a ti". 32. Y al concluir Juan estas palabras, dijo Jesús: "Es acertado, Juan, y en el reino de la luz te está reservado un puesto.

XI. Felipe interpreta el sentido de la
quinta plegaria que elevó a la Sabiduría fiel

1. Y Jesús, persistiendo en su discurso, dijo a sus discípulos: 2. "Las emanaciones del triple poder orgulloso atormentaron a la Sabiduría fiel en el caos, porque querían quitarle su luz. 3. Y el tiempo de sacarla del caos no había llegado aún. 4. Y la orden del primer misterio no había llegado todavía, y yo no debía aún salvarla del caos. 5. Y cuando las emanaciones materiales la torturaban, ella clamó. 6. Y dijo su quinta súplica: Luz de mi salvación, yo te elevo un himno en el lugar de las regiones superiores y, a la vez, del caos. 7. Porque yo te elevo el himno que te dirigía en las regiones Superiores. 8. Ven a mí, ¡oh, luz! Vuelve el espíritu, ¡oh, luz!, hacia mi súplica. 9. Porque mi fuerza está llena de tinieblas y mi luz se ha perdido en el caos. 10. Y me he convertido, como en los *archones* del caos, que están en las regiones inferiores. 11. Y soy como un cuerpo material, para el que no hay salvador en las regiones superiores 12. Y me he convertido como en las materias cuya fuerza ha sido quitada, y que han caído en el caos, y tú no las has salvado, y han perecido. 13. Y me han sumido en las tinieblas infernales, en la oscuridad. 14. Allí donde están las materias inertes y privadas de toda fuerza. 15. Y tú has dado mandato sobre mí y sobre cuantas cosas has organizado. 16. Y me has alejado tu aliento, y me has hundido en el abismo. 17. Y por tu mismo mandato sobre las cosas que has ordenado, mis enemigos están atormentándome. 18. Y me odian, y no me auxilian, y estoy casi del todo perdida, y mi luz ha disminuido en mí. 19. Y he clamado a la luz, con toda la luz que hay en mí, y he alzado las manos elevándola, hacia ti. 20. Y ahora, luz, ¿se ha cumplido tu voluntad en el caso? 21. ¿Se elevarán entre las tinieblas los liberadores que han de Venir según tu voluntad? 22. ¿Y darán el misterio de tu nombre en el caos? 23. ¿Dirán tu nombre en el caos que tú no iluminas? 24. Yo te glorifico, luz, y mi voz te llegará en las regiones Superiores. 25. Que tu luz venga sobre mí, porque me han quitado mi luz. 26. Y yo estoy en el sufrimiento por causa de la luz, desde que mis enemigos me atacan. 27. Y

cuando he mirado a lo alto, hacia la luz, y he mirado el infierno, he caído en el infierno, según la disposición de la luz, elevándome en el caos. 28. Y tu mandato ha venido sobre mí, y los temores y turbaciones que tú has fijado me han rodeado, abundantes como las aguas. 29. Y se han apoderado totalmente de mí. 30. Y, según tu voluntad, no has dejado que mi compañera me ayudase y socorriese en esta aflicción. 31. Tal es la quinta plegaria que formuló la Sabiduría fiel en el caos, cuando estaba atormentada por las emanaciones materiales del triple poder". 32. Y cuando Jesús hubo hablado así a sus discípulos, les dijo: "Que oiga quien tenga oídos para oír. 33. Y quien tenga en sí el hálito brillante, que se adelante y dé la explicación del quinto ruego de la Sabiduría fiel". 34. Y se levantó Felipe cuando hubo hablado Jesús. 35. Y dejó en el suelo un libro que tenía entre las manos, y en ese libro escribía las palabras de Jesús, y todas las cosas que había hecho. 36. Y Felipe, adelantándose dijo a Jesús: "Señor, yo *soy* aquel a quien has confiado el cuidado del mundo. 37. Para que escriba cuantas cosas nosotros decimos y hacemos. 38. Y no me has permitido exponer la explicación del misterio de las súplicas de la Sabiduría fiel. 39. Y mi espíritu se ha agitado fuertemente en mí, para que yo diese la explicación de ese misterio. 40. Y me he adelantado, porque soy el que escribo todas las cosas". 41. Y Jesús, oyendo a Felipe, le dijo: "Escucha, Felipe, que yo te hablo, porque es a ti, y a Tomás, y a Mateo, a quienes el primer misterio ha ordenado escribir todas las cosas que yo diga y haga y cuantas cosas vean. 42. Aún no ha terminado el número de palabras que tú debes transcribir por escrito. 43. Y cuando termines, tú tendrás holgura para decir lo que quieras. 44. Mas ahora, ustedes tres, escriban las cosas que yo diga y que yo haga, y que yo vea, para que dé testimonio de todo en el reino de los cielos". 45. Y cuando Jesús concluyó estas palabras, dijo a sus discípulos: "Quien tenga oídos para oír que oiga". 46. Y Marta se levantó de entre los discípulos y se puso junto a Felipe. 47. Y dijo: "Señor, mi oído ha entendido la voz de la luz, y estoy presta a oír, según la fuerza de mi entendimiento, la palabra que tú has dicho. 48. Mas, Señor, déjame que te hable con claridad. 49. Porque tú has dicho: Que oiga quien tenga oídos para oír. 50. Y has dicho también a Felipe: A ti, y a Tomás, y a Mateo, se les ha encargado por el primer misterio de escribir todas las cosas del reino de la luz, para que den testimonio de ellas. 51. Oye, pues, la explicación de la palabra que tu fuerza de luz hizo profetizar a Moisés cuando dijo: De toda cosa se hará constancia por medio de dos o tres testigos. 52. Y estos tres testigos son Felipe, Tomás y Mateo". 53. Y cuando Jesús oyó esto, dijo: "Ésa es, María, la explicación 54. Adelántate, pues, Felipe, y danos la explicación de la quinta súplica de la Sabiduría fiel. 55. Y luego siéntate hasta el fin de la misión que se te ha encomendado, que es la de escribir todas las cosas del reino de la luz. 56. Y tú continuarás diciendo lo que tu espíritu comprenda. 57. Mas ahora, explica el misterio de la quinta plegaria de la Sabiduría fiel". 58. Y Felipe respondió a Jesús, y dijo: "Escucha, Señor, la explicación que yo doy de la quinta plegaria de la Sabiduría fiel. 59. Tu fuerza ha profetizado sobre ella, diciendo en el salmo ochenta y siete de David: Señor, Dios de mi salvación, yo clamo hacia ti de noche y día. 60. Que mi palabra llegue hasta ti y presta oído a mi súplica". 61. Y Jesús, oyendo estas palabras, dijo: "Ven y siéntate, querido Felipe, y escribe cuantas cosas yo haga, y cuantas palabras yo diga, y cuantas cosas veas". 62. Y Felipe se sentó y escribió.

XII. Andrés y María interpretan palabras de la Sabiduría fiel y de Jesús

1. Y Jesús continuó hablando a sus discípulos. 2. Y les dijo: "La Sabiduría fiel volvió a elevar clamores hacia la luz. 3. Y ésta le remitió el pecado que había cometido. 4. Y dejando su sitio, entró en las tinieblas. 5. Y la Sabiduría fiel elevó su sexta impetración de esta manera: 6. Yo te alabo, luz, en las tinieblas de los infiernos. 7. Escucha mi súplica y que tu luz atienda el clamor de mis plegarias. 8. Porque yo no iría ante ti, y tú me abandonarías, si tú no existieras, oh, luz, mi liberadora, a causa de la luz de tu nombre. 9. Yo he creído en ti, luz, y tú eres mi fuerza. 10. Y he

sido fiel a tu misterio, y mi fuerza ha creído en la luz que está en lo alto, y ha creído en ella hasta cuando estaba sumida en el caos del infierno. 11. Y toda la fuerza que hay en mí ha creído en la luz, aun cuando estaba sumida en las tinieblas del infierno. 12. Y ellas creerán también cuando lleguen a las regiones superiores, porque Él nos verá y nos rescatará. Y el misterio de su salvación es grande. 13. Y Él preservará todas las fuerzas contra el caos, en virtud de mi falta, cuando, dejando mi sitio, yo he venido al caos. 14. Y quien pueda entender que entienda". 15. Y cuando Jesús acabó estas palabras, dijo a sus discípulos: "¿Comprenden lo que les he dicho?" 16. Y Andrés se adelantó, diciendo: "Señor, la fuerza de tu luz profetizó por boca de David, en su ciento veintinueve salmo, al decir: Y he clamado, Señor, desde el fondo del abismo... Escucha mi voz. Que Sirad ponga su confianza en el Señor".17. Y dijo Jesús: "Está bien, Andrés; bienaventurado seas. Que ésa es la explicación de la plegaria de la Sabiduría. 18. En verdad, en verdad, les digo, que yo les haré conocer todos los misterios de la luz. 19. Y toda gnosis, desde el interior de los interiores hasta el exterior de los exteriores. 20. Y desde el Inefable hasta las tinieblas de las tinieblas. 21. Y desde la luz de las luces. Y desde los dioses hasta los demonios. 22. Y desde todos los señores hasta todos los decanos. Y desde todas las revoluciones hasta todas las emanaciones. 23. Y desde la creación de los hombres hasta la de las bestias, y los animales, y los reptiles. 24. Y así se les llamará perfectos y completos en todas las cosas. 25. En verdad, en verdad, les digo: cuando yo sea en el reino de mi Padre, ustedes estarán conmigo. 26. Y cuando el número del perfecto se cumpla, para que la mezcla sea destruida, yo ordenaré que se conduzca a todos los dioses que no han dado aún la fuerza de su luz. 27. Y ordenaré al fuego de la Sabiduría que respete a los perfectos y consuma a los tiranos hasta que hayan dado la última pureza de su luz". 28. Y cuando Jesús habló así, dijo a sus discípulos: "¿Comprenden lo que les digo?" 29. Y María dijo: "He aquí, Señor, el sentido de las palabras que tú has dicho. Tú has dicho que en la destrucción de la nada tú estarás sentado sobre la fuerza de la luz. 30. Y que nosotros, tus discípulos, estaremos sentados a tu diestra. 31. Y que juzgaremos a los tiranos que no hayan dado aún la pureza de su luz. 32. Y del fuego que has dicho que debe consumirlos hasta que hayan dado la última luz que hay en ellos, tu fuerza de luz ha profetizado en el salmo veinticuatro, en que dice David: 33. Dios se sentará en la asamblea de los dioses para juzgar a los dioses". 34. Y Jesús dijo: "Está bien, María".

XIII. Interpretación de Tomás

1. Y continuó hablando y dijo a sus discípulos: "Y sucedió que cuando la Sabiduría fiel hubo dicho la sexta súplica de la remisión, se volvió a las regiones inferiores. 2. Para ver si sus pecados se le habían remitido, y para ver si iba a ser conducida al caos, ya que la orden del primer misterio para remitirle su pecado no se había dado aún para sacarla del caos. 3. Y se volvió a las regiones superiores, a fin de ver si su súplica se había entendido. 4. Y vio a los doce *archones* de los doce eones burlándose y regocijándose, porque no había sido escuchada. 5. Y cuando vio cómo se burlaban, se afligió extremadamente y elevó su séptima súplica. 6. Luz, yo he elevado de nuevo mi fuerza hacia ti. 7. Y te suplico que no me dejes caer en la ignominia, ni que los doce *archones* de los eones que me odian se congratulen de mi desgracia. 8. Porque quienquiera que te sea fiel no será entregado a la ignominia. 9. Y los que me han quitado mi fuerza no seguirán siendo sus poseedores. 10. Mas les será arrebatada y ellos permanecerán en las tinieblas. 11. Luz, muéstrame tus caminos, y yo me salvaré siguiéndolos. 12. Y muéstrame aquellos sitios a que debo dirigirme para libertarme del caos. 13. Y muéstrame la senda en tu luz y haz que yo sepa, ¡oh, luz!, que tú eres mi salvadora. 14. Y lo creeré en ti en todo tiempo. 15. Vuelve a mí tu atención para salvarme, ¡oh, luz!, porque tu misericordia se extiende hasta la eternidad. 16. No me imputes, ¡oh, luz santa y recta!, el pecado que me ha hecho cometer mi ignorancia. 17. Sino sálvame por tu gran misterio y que mis pecados me sean remitidos por tu gran bondad. 18. Porque ella me devolverá a la senda, para que yo sea

perdonada de mi falta. 19. Y quitará a mis enemigos mi fuerza, que ha sido rota por las emanaciones materiales del triple poder. 20. Porque todas las ciencias de la luz son para la salvación, y los misterios son para los que buscan las regiones de sus posesiones, en virtud del misterio de tu nombre, ¡oh, luz! 21. Y mi falta es grande, mas perdónamela. 22. Y dará a cuantos creen en la luz el misterio que quiera. 23. Y su alma estará en las regiones de la luz y su fuerza será la adquisición del tesoro de la luz. 24. Porque la luz es quien da la fuerza a quienes le son fieles. 25. Y el nombre de su misterio está en quienes creen en Él. 26. Y Él les mostrará el lugar de las posesiones que están en el tesoro de la luz. 27. Y yo he sido siempre fiel a la luz que librará mis pies de las cadenas de las tinieblas. 28. Vuelve tu atención a nos, ¡oh luz!, y sálvame. 29. Porque mis enemigos han arrebatado mi nombre en el caos y me han causado grandes aflicciones. 30. Líbrame de estas tinieblas y pon tu mirada en el dolor de mis aflicciones. 31. Perdóname mis errores. Piensa en los doce *archones* que me acusan y están celosos de mí. 32. Vela sobre mi fuerza y protégeme y no me hagas quedar en estas tinieblas en que te he sido fiel. 33. Porque mis enemigos me han como privado de razón, viendo la fidelidad que tengo por ti. 34. Y ahora, ¡oh, luz!, conserva mi fuerza en las penas que me afligen y protégeme contra mis enemigos". 35. Y habiendo así hablado Jesús a sus discípulos, Tomás se adelantó. 36. Y dijo: "Señor, mi espíritu se anima y yo me regocijo grandemente, porque nos has revelado estas palabras. 37. Y yo no me he adelantado hasta ahora a mis hermanos para no incomodarlos. 38. Porque los veía reunidos para dar la explicación de los misterios de la Sabiduría fiel. 39. Y he aquí, Señor, que respecto a la séptima plegaria de la Sabiduría fiel, tu fuerza de luz ha profetizado, con la voz de David, en su salmo Veinticuatro. 40. Diciendo: Señor: yo he alzado mi voz hacia ti. Señor: yo tengo puesto mi corazón en ti". 41. Y cuando Jesús oyó las palabras de Tomás, le dijo: "Bien has hablado, Tomás, y ésa es la explicación del séptimo himno de la Sabiduría fiel. 42. En verdad, en verdad, les digo que todas las criaturas los mirarán en la tierra como bienaventurados. 43. Porque les he revelado estas cosas y les he infundido mi soplo y les he dado la inteligencia espiritual de lo que les digo. 44. Y los he de llenar de toda luz y de toda la fuerza de mi soplo, 45. Para que comprendan desde ahora todo lo que se les diga y todo cuanto vean. 46. Esperen un poco, y les hablaré de lo concerniente a las regiones superiores desde el exterior hasta el interior, y desde el interior hasta el exterior".

XIV. La Sabiduría fiel impetra por octava vez el auxilio de la luz

1. Y Jesús prosiguió su discurso a sus discípulos. 2. Y dijo: "Cuando la Sabiduría fiel hubo dicho su séptima plegaria en el caos, y sin que aún me hubiese llegado orden del primer misterio para libertarla, elevándola sobre el caos, por mi propio impulso, y en virtud de mi misericordia, sin esperar la orden, la conduje a un lugar despejado sobre el caos. 3. Y sus enemigos cesaron momentáneamente de atormentarla, creyendo que iba a ser definitivamente arrojada en el caos. 4. Y la Sabiduría fiel ignoraba que yo la asistía y me desconocía del todo. 5. Y persistía en celebrar el tesoro de la luz, que había visto antes y al que seguía fiel. 6. Y pensaba que era él el que la asistió, y como era fiel a la luz, creía que su súplica se escucharía y sería llevada del caos. 7. Mas no se había aún cumplido la disposición del primer misterio a fin de que su ruego fuese escuchado. 8. Escuchen, pues, y yo les diré cuántas cosas sucedieron a la Sabiduría fiel. 9. Ocurrió que, cuando yo la llevé a un lugar más desahogado del caos, las emanaciones del triple poder dejaron de atormentarla creyendo que yo la iba a llevar completamente al caos. 10. Y cuando supieron que la Sabiduría fiel no era conducida al caos, volvieron a torturarla sumamente. 11. Y por eso ella elevó su octava súplica. 12. Y dijo de este modo: Yo he puesto, ¡oh, luz!, mi corazón en ti; no me dejes en el caos. Escúchame y líbrame en tu pensamiento. 13. Vuelve mi espíritu hacia mí y líbrame; sé mi salvadora, ¡oh, luz!, y líbrame. 14. Llévame a tu luz, porque tú eres mi salvador y tú me conducirás hacia ti. 15. Y por el misterio de tu nombre, indícame tu

camino y dame tu misterio. 16. Y líbrame de la fuerza de rostro de león y de mis enemigos, que me han tendido asechanzas. 17. Porque tú eres mi salvador y yo entregaré la pureza de mi luz en tus manos. 18. Libértame, ¡oh, luz!, en tu conocimiento. 19. Y tú te irritarás contra aquellos que vigilan contra mí, para que no se apoderen de mí totalmente. 20. Porque yo he creído en la luz, y yo te adoraré y cantaré tus alabanzas, para que tengas piedad de mí y vuelvas tu corazón a la pena en que me encuentro. 21. Y tú me librarás y me restituirás mi fuerza fuera del caos. 22. Y no me abandonarás a la fuerza con rostro de león, mas me conducirás a la región en que la aflicción no existe". 23. Y cuando Jesús habló así a sus discípulos, continuó. 24. Y dijo: "Cuando la fuerza de faz de león supo que la Sabiduría fiel no había sido arrojada en el caos, vino con todas las otras emanaciones materiales del triple poder. 25. Y otra vez atormentaron a la Sabiduría fiel. Y cuando la torturaban, ella prosiguió impetrando. 26. Y dijo: Ten piedad de mí, luz, porque ellos me atormentan aún. 27. Y cuanto hay en mí, y mi fuerza y mi espíritu son turbados, según tu orden, ¡oh, luz! 28. Y mi fuerza ha sufrido grandes perjuicios, mientras yo estaba sujeta a tormentos. 29. Y el número de mi tiempo está en el caos. 30. Y mi luz se ha eclipsado, porque mi fuerza me ha sido arrebatada. 31. Y cuantas fuerzas había en mí han sido destruidas. 32. Y soy impotente ante todos los *archones* de los eones que me odian y ante las veinticuatro emanaciones en cuyas regiones yo estaba. 33. Y mi hermano ha temido seguirme, en vista de las persecuciones en que me ha visto sumida. 34. Y todos los *archones* de las regiones superiores me han mirado como la materia en que no hay ninguna luz. 35. Y me he convertido como en una fuerza material que ha caído lejos de los *archones*. 36. Y cuantos están en los eones han dicho: Ella es como el caos. 37. Y todas las fuerzas que no tienen misericordia han venido sobre mí, para quitarme toda mi luz. 38. Pero yo he creído en ti luz, y he dicho: Tú eres mi salvadora, y mi suerte, que tú has marcado, está en tu mano. 39. Líbrame, pues, de los enemigos que me acusan y me persiguen. 40. Extiende tu luz sobre mí, porque yo no soy nada en tu presencia, y consérvame en tu misericordia. 41. Y no consientas que caiga sobre mí la ignominia. 42. Porque es a ti, oh, luz, a quien yo glorifico en mis himnos. 43. Que el caos envuelva a mis perseguidores y que sean sumergidos en las sombras infernales. 44. Cierra la puerta a quienes quieren devorarme. 45. Y dicen: Arranquémosle la luz que hay en ella. 46. Porque yo no les he hecho ningún mal".

XV. Novena plegaria de la Sabiduría fiel

1. Y Mateo, cuando Jesús hubo hablado así, se adelantó. 2. Y dijo: "Señor, tu luz me ha instruido para que yo explique la octava plegaria de la Sabiduría fiel. 3. Porque tu fuerza ha profetizado en el salmo treinta de David, diciendo: En ti he puesto, Señor, mi corazón. 4. No permitas que se me humille eternamente". 5. Y oyendo estas palabras, Jesús dijo: "En verdad te digo, Mateo, que cuando el número perfecto sea cumplido, y cuando el universo sea destruido, yo estaré sentado en el tesoro de la luz. 6. Y ustedes estarán sentados sobre las doce fuerzas de la luz, hasta que sean restablecidos los rangos de los doce salvadores en las regiones de cada uno de ellos". 7. Y continuó hablando y dijo: "¿Comprenden lo que les he dicho?" 8. Y María se adelantó y dijo: "Señor, tú siempre nos has hablado en parábolas. 9. Y nos has dicho en ellas: Yo estableceré con ustedes un reino como el que mi Padre ha establecido conmigo. 10. Y comerán y beberán en mi mesa y en mi reino. 11. Y estarán sentados en los doce tronos para juzgar a las doce tribus de Israel". 12. Y Jesús contestó: "Está bien, María". 13. Y continuó y dijo a sus discípulos: "Y las emanaciones del triple poder continuaron atormentando, en el caos, a la Sabiduría fiel. 14. Y ella pronunció su novena súplica y dijo: ¡Oh, luz, confunde a los que me arrebatan mi fuerza y devuélveme la que me han quitado! 15. Ven y sálvame. Porque grandes tinieblas me envuelven y me afligen. 16. Di a mi fuerza: yo te libertaré. 17. Y que cuantos quieren arrebatarme mi luz sean privados de su fuerza y vuelvan al caos. 18. Que sean reducidos a la impotencia los que quieren quitarme mi luz. 19. Que su fuerza

sea como el polvo y que tu ángel, Ieû, los hiera. 20. Y si quieren ascender a lo alto, que las tinieblas los rodeen. 21. Y que sean arrojados en el caos, y que Ieû, tu ángel, los persiga para herirlos en las tinieblas del infierno. 22. Porque me han tendido asechanzas y lo mismo la fuerza con faz de león. 23. Y sin que yo los haya dañado, me atormentan y me quieren arrancar mi fuerza toda. 24. Arranca, ¡oh, luz!, la pureza a la fuerza de faz de león, sin que ella lo sepa. 25. Y confunde el proyecto que ha maquinado el triple poder, para arrebatar mi fuerza, y arrebátale la suya. 26. Y mi fuerza se regocijará en la luz y será alegre, porque tú la habrás salvado. 27. Y todas las partes de mi fuerza dirán: no hay más salvador que tú. 28. Porque me has librado de la fuerza con rostro de león que me arrebataba mi fuerza. 29. Y me salvarás de todos los que me quitan mi fuerza y mi luz. 30. Porque se han levantado contra ti, profiriendo mentiras, y diciendo que yo conocía el misterio de la luz de la región superior. 31. Y me apremiaban, exclamando: Dinos los misterios de la luz de la región superior. 32. Mas yo ignoraba esos misterios y me han infligido grandes males. 33. Porque yo he sido fiel a la luz de la región superior. 34. Y me he sentado en las tinieblas, con el alma sumida en el duelo. 35. Sálvame, ¡oh, luz, a la que elevo mis himnos! 36. Porque yo sé que tú me salvarás, pues que yo hacía tu voluntad cuando estaba en la región de los eones. 37. Y yo cumplía tu voluntad como las potencias invisibles que están en mis regiones y yo lloraba, buscando con celo tu luz. 38. Y ahora mis enemigos me rodean, y se alegran de mis males, y me infligen sin piedad grandes aflicciones. 39. Y rechinan los dientes contra mí y me quieren arrebatar toda mi luz. 40. ¿Hasta cuándo, luz, permitirás que sigan afligiéndome? 41. Libra mi fuerza de sus malos propósitos y presérvame de la fuerza con rostro de león. Porque yo estoy sola en estas regiones. 42. Y en medio de cuantos se han juntado contra mí, yo te glorifico, ¡oh, luz! 43. Y clamaré siempre a ti, en medio de todos los que me afligen. 44. Que no se regocijen más sobre mí, atormentándome y quitándome mi fuerza. 45. Tú conoces su astucia, ¡oh, luz! No permitas que tu ayuda se aleje de mí. 46. Apresúrate, ¡oh, luz! Júzgame en tu bondad y véngame. 47. ¡Oh, luz de las luces! Que mis enemigos no me arrebaten mi luz. 48. Y que no digan entre sí: Nuestra fuerza se ha reforzado con su luz. 49. Y que no digan: Hemos devorado su fuerza. 50. Sino que las tinieblas los rodeen y hagan impotentes a aquellos que me quieren robar mi luz. 51. Y que aquellos que dicen: Nosotros hemos robado su fuerza y su luz, sean hundidos en el caos y en las tinieblas. 52. Sálvame, para que yo sea en gozo. 53. Porque yo aspiro a la trecena región de los eones, que es la región de la justicia. 54. Y para que yo diga a toda hora: La luz de Ieû, tu ángel, irá aumentando de brillo. 55. Y mi lengua cantará eternamente tus alabanzas en la decimotercera región de los eones".

XVI. Jacobo explica el significado de la novena plegaria de la Sabiduría fiel, y María interpreta las palabras de Cristo

1. Y cuando Jesús hubo dicho estas palabras a sus discípulos, dijo: "Que aquel que entre ustedes haya comprendido nos dé la explicación". 2. Y Jacobo se adelantó y abrazó el pecho de Jesús. 3. Y dijo: "Señor, tu soplo me ha infundido inteligencia y estoy presto a explicar lo que nos has dicho. 4. Porque es respecto a esto lo que profetizó tu fuerza, mediante la voz de David, en su salmo treinta y cuatro. 5. Diciendo: Juzga, Señor, a aquellos que me agravian, combate a aquellos que me combaten". 6. Y cuando Jacobo hubo hablado así, dijo Jesús: "Tú has hablado bien, Jacobo. 7. Porque ésa es la explicación de la novena súplica de la Sabiduría fiel. 8. Y en verdad, en verdad les digo, que ustedes entrarán conmigo en el reino de los cielos antes que todos los invisibles y todos los dioses y todos los *archones* que están con el eón trece y con el eón doce. 9. Y no solamente ustedes, sino todo el que haya practicado mis misterios". 10. Y cuando el Salvador hubo hablado así, dijo: "¿Comprenden lo que acabo de decir?" 11. Y dijo María: "Señor, es lo que nos has dicho otras veces. 12. Que los últimos serán los primeros y que los primeros serán los últimos. 13. Porque los creados antes que nosotros son los invisibles,

pues que existieron antes que el género humano. 14. Y los dioses, y los *archones*, y los hombres que reciban tus misterios entrarán los primeros en el reino de los cielos". 15. Y dijo Jesús: "Así es, María".

XVII. El primer ministro envía a Jesús
para socorrer a la Sabiduría fiel

1. Y Jesús prosiguió hablando a sus discípulos. 2. Y dijo: "Y ocurrió que cuando la Sabiduría fiel hubo elevado su novena plegaria, la fuerza que tenía rostro de león la atormentó con más fuerza. 3. Y le quería arrebatar su luz. Mas la Sabiduría fiel se dirigió, clamando, hacia la luz. 4. Y dijo: Luz en la que he creído desde el principio, y por la que he sufrido tantos dolores, ven y socórreme. 5. Y su ruego fue entonces atendido. 6. Porque el primer misterio lo oyó y me envió a mí para asistirla. 7. Y vine para ayudarla y la reconduje en el caos. 8. Porque había sufrido grandes penas y aflicciones a causa de su fe en la luz. 9. Y así, fui enviado por el primer misterio para socorrerla en todo. 10. Y aunque yo no había ido aún al mundo de los eones, sobrevine entre todos ellos. 11. Y ninguno de ellos lo supo, ni los que pertenecen a lo interior de lo interior, ni los que están en lo exterior de lo exterior. 12. Y todo lo sabía el primer misterio. Y cuando llegué al caso para ayudarla, ella me vio. 13. Porque yo resplandecía con una gran luz y me presentaba misericordioso. 14. Y no me presentaba altanero, como la fuerza con faz de león que arrebaté la fuerza y la luz a la Sabiduría, y que la atormentó para quitarle cuanta luz había en ella. 15. Y me vio brillando con una luz diez mil veces más poderosa que la de la fuerza con rostro de león. 16. Y comprendió que yo venía de las regiones superiores, en cuya luz ella había tenido fe desde el comienzo de las cosas. 17. Y la Sabiduría fiel tuvo entonces confianza y elevó su décima súplica. 18. Y dijo: Yo he clamado a ti, luz de las luces. 19. Y en mi aflicción me has oído; preserva ahora mi fuerza de los labios injustos y engañosos. 20. Porque estoy envuelta en las asechanzas y

calumnias de los orgullosos y de los que no conocen la misericordia. 21. Malhaya yo, que tan lejos estoy de mi morada, y me
veo forzada a habitar en el caos. 22. Porque mi fuerza no está en
las regiones que me pertenecen. 23. Y he hablado con dulzura a
mis enemigos, y cuando yo les hablaba con dulzura, ellos me han
atacado sin motivo".

XVIII. La fuerza satánica de rostro de león
se encoleriza ante Jesucristo

1. Y cuando Jesús hubo dicho estas palabras a sus discípulos,
dijo: "Que se adelante aquel que se sienta infundido de inteligencia y que explique la décima impetración de la Sabiduría
fiel". 2. Y Pedro contestó y dijo: "Señor, tu fuerza de luz ha profetizado esto por boca de David. 3. Cuando dijo en el salmo ciento diecinueve: He clamado a ti, Señor, en mi aflicción. 4. Y tú
me has oído, Señor, mas preserva mi alma de los labios injustos y
de la lengua mentirosa. 5. Tal es, Señor, la explicación de la décima plegaria de la Sabiduría fiel, tal como ella la pronunció cuando se sentía atormentada por las emanaciones materiales del triple poder, y éstas y la fuerza de faz de león la hacían sufrir extremadamente". 6. Y dijo Jesús: "Bien está, Pedro. Has hablado jus-
tamente". 7. Y continuó Jesús hablando a sus discípulos. 8. Y
dijo: "Cuando la fuerza que tenía cara de león se acercaba a mí,
al ir hacia la Sabiduría fiel, me vio resplandecer con una luz
inmensa. 9. Y se llenó de cólera y proyecté fuera de sí una mu-
chedumbre de otras emanaciones enfurecidas. 10. Y entonces la
Sabiduría fiel pronunció su undécima plegaria, y dijo: 11. ¿Por
qué la fuerza (de faz de león) se apresta a hacer el mal? 12. Su
propósito era herirme y robar la luz que había en mí. 13. Porque
yo he preferido descender al caos que permanecer en la región
del decimotercero eón, que es la región de la justicia. 14. Y han
querido envolverme en sus astucias, para arrebatarme toda mi
luz. 15. Mas la luz les quitará toda su luz y destruirá toda su
materia. 16. Y les arrebatará toda su luz y no los dejará perma-

necer en el decimotercero eón, su morada. 17. Y no dejará sus nombres entre los nombres de los vivos. 18. Y las veinticuatro emanaciones verán lo que sucede a la fuerza con faz de león. 19. Para que tomen ejemplo, y teman, y no sean indóciles. 20. Y darán la pureza de su luz y te verán, para que te glorifiquen. 21. Y habrán de decir: he aquí el que no ha dado el brillo de su luz para salvarse. 22. Mas quiere ser glorificado en todo el resplandor de su luz, y él ha dicho: Yo arrebataré la luz de la Sabiduría infiel. 23. Y que aquel cuya fuerza sea exaltada se adelante y diga la explicación de la undécima plegaria de la Sabiduría fiel".

XIX. El triple poder, orgulloso, envía refuerzos a sus emanaciones para combatir el poder de Jesús

1. Y Salomé se adelantó, y dijo: "Señor, tu fuerza de luz ha profetizado esto por boca de David, en el salmo cincuenta y uno. 2. Diciendo: ¿Por qué el impío se alaba de su malicia?" 3. Y cuando Jesús escuchó estas palabras, dijo: "Está bien, Salomé. 4. Y en verdad, en verdad, les digo que yo los instruiré en todos los misterios del reino de la luz". 5. Y Jesús continuó hablando y dijo a sus discípulos: "Me aproximé luego al caos. 6. E iba revestido de una luz inmensa, para quitar su luz a la fuerza con faz de león. 7. Y cuando la fuerza con rostro de león me vio, tuvo miedo, y llamó a su dios para que la socorriese. 8. Y se llenó de cólera y la Sabiduría fiel sintió gran espanto. 9. Y se dirigió a mí y dijo: No me olvides, ¡oh, luz! 10. Porque mis enemigos han abierto su boca contra mí. 11. Y han querido arrebatarme mi luz y me han odiado. 12. Porque yo entonaba tus alabanzas y te amaba. 13. Que sean sumergidos en las tinieblas exteriores; arrebátales su fuerza y no los dejes remontarse a sus regiones. 14. Y que el caos los envuelva como una vestidura. 15. Ten piedad de mí, ¡oh, luz!, por el misterio de tu nombre, y sálvame en tu misericordia. 16. Ven a mi ayuda, porque mi fuerza es destruida. 17. Porque aquí no hay ningún misterio, y mi materia ha sido encadenada, porque se me ha quitado toda mi fuerza. 18. Y que aquel que haya sido anima-

do en su interior, se adelante y explique las palabras de la Sabiduría fiel". 19. Y Andrés dijo: "Señor, tu fuerza de luz ha profetizado esto. 20. Cuando dijo por boca de David, en su salmo ciento ocho: Dios mío, no calles en mi elogio, porque los pecadores y los pérfidos han abierto su boca contra mí". 21. Y el primer misterio, continuando su discurso, dijo de esta manera: 22. "Y ocurrió que yo no saqué aún del caos a la Sabiduría fiel. 23. Porque yo no había recibido todavía la orden de mi Padre. 24. Y las emanaciones del triple poder, viendo a la Sabiduría fiel otra vez provista de luz como lo fue desde el principio, se detuvieron en sus ataques a la Sabiduría. 25. Y a grandes gritos pidieron asistencia al triple poder. 26. Para que él los ayudase a arrancar otra vez a la Sabiduría fiel las fuerzas que había en ella. 27. Y el triple poder envió otra gran fuerza de luz, que descendía en el caos como una flecha que vuela. 28. Y era para que ayudase a sus servidores a arrebatar a la Sabiduría fiel la fuerza que le había sido reintegrada.

XX. Jesús confunde a las fuerzas del triple poder

1. Y cuando aquella fuerza de luz hubo descendido, los servidores del triple poder tuvieron gran confianza. 2. Y otra vez persiguieron a la Sabiduría fiel, que estaba llena de turbación y espanto y la atormentaron cruelmente. 3. Y uno de ellos se transformó en un basilisco de siete cabezas. 4. Y otro tomó forma de dragón, y la primera potencia del triple poder, con cabeza de león, y otros muchos se reunieron. 5. Y atacaron a la Sabiduría fiel, y la llevaron de nuevo a las regiones inferiores del caos, y la atormentaron mucho. 6. Y ella huyó, y vino a las regiones superiores del caos, y ellos la persiguieron y la torturaron cruelmente. 7. Y Adamas el tirano miró las doce regiones de los eones, y también sintió coraje contra la Sabiduría fiel. 8. Porque había querido subir a la luz de las luces, que está por encima de todos ellos. 9. Y Adamas miró, y vio que los enemigos de la Sabiduría la atormentaban hasta quitarle cuantas luces había en ella. 10. Y cuando la potencia del triple poder hubo descendido en el caos, encontró a la

Sabiduría fiel. 11. Y la fuerza con rostro de león, y la fuerza con rostro de serpiente, y la fuerza con rostro de basilisco, y la fuerza con rostro de dragón, y todas las fuerzas del triple poder rodearon a la Sabiduría fiel, queriendo arrebatarle por segunda vez sus fuerzas. 12. Y cuando la atormentaban y afligían, ella se dirigió otra vez a la luz. 13. Y dijo: Luz en la que he caído, que tu luz venga a mí. 14. Porque tú eres quien me ha tomado en ella y tú me librarás de mis perseguidores. 15. Y cuando la Sabiduría fiel hubo hablado de este modo, por orden de mi Padre, yo envié a Miguel, y a Gabriel, y a los satélites de la luz. 16. Para que llevasen a la Sabiduría fiel sobre sus manos, a manera que sus pies no tocasen las tinieblas exteriores. 17. Y les ordené que se dirigiesen a las regiones del caos en donde la tenían que conducir. 18. Y cuando los ángeles y las emanaciones de la luz hubieron descendido al caos, todas las emanaciones del triple poder y las de Adamas vieron la emanación de la luz y constituyeron una luz inmensa, a la que ninguna clase de luz era ajena. 19. Y quedaron atemorizados y dejaron a la Sabiduría fiel. 20. Y una gran emanación de luz rodeó por todas partes a la Sabiduría, a derecha e izquierda, y sobre su cabeza se levantó una corona de luz. 21. Y cuando la emanación de la luz rodeó a la Sabiduría fiel, ésta se sintió llena de confianza. 22. Y aquella emanación no dejaba de rodearla y ella no tenía ya las emanaciones del triple poder. 23. Y los servidores del triple poder no pudieron transformar más su figura, ni aproximarse a la Sabiduría fiel por la gran luz que la rodeaba. 24. Y no pudieron hacerle ningún mal, porque ella creía en la luz. 25. Y según el mandato de mi Padre, el primer misterio descendió en el caos. 26. Y ataqué a la potencia del rostro de león, que era la mayor luz, y le arrebaté toda su luz. 27. Y herí a todas las emanaciones del triple poder y todas cayeron, impotentes, en el caos. 28. Y conduje a la Sabiduría fiel a la derecha de Miguel y Gabriel. 29. Y una gran emanación de luz entró en ella. 30. Y miró a sus enemigos, cuya luz había arrebatado yo completamente. 31. Y la hice salir del caos y puse a sus pies los servidores del triple poder que tienen rostro de serpiente. 32. Y el servidor que tiene forma de basilisco de siete cabezas, y la potencia de faz de león y la potencia de faz de dragón. 33. E hice permanecer a la Sabiduría encima de la potencia que tiene el aspecto de un basilisco de siete cabezas, y que es la más fuerte de todas en su malicia. 34. Y yo, el primer misterio, he estado encima de ella, y he quitado todas sus fuerzas, y he destruido toda su materia, para que no pueda retoñar".

XXI. Jacobo explica extensamente todas las expresiones de Jesús

1. Y cuando el primer misterio hubo hablado así a sus discípulos, dijo: "¿Comprenden de qué modo les he hablado?" 2. Y Jacobo dijo: "Señor, la fuerza de tu luz ha profetizado así respecto a esto, por boca de David, en el salmo noventa: Aquel que viva bajo la protección del Altísimo estará bajo la sombra del Dios del cielo. 3. Escucha, pues, para que yo te diga con toda claridad la palabra que tu fuerza ha dicho por boca de David: Aquel que viva bajo la ayuda del Altísimo estará bajo la sombra del Dios del cielo. 4. Y cuando la Sabiduría se confiaba a la luz, estaba bajo la luz de la emanación de la luz que sale de él en las regiones superiores. 5. Y ésta es la palabra que tu fuerza dijo por boca de David: Yo diré al Señor: tú eres aquel que me recibe en sí y mi Dios es mi refugio. Yo me he confiado en él. 6. Porque ésta es la misma palabra que la Sabiduría fiel canta en su himno. 7. Tú eres aquel que me recibe en sí y yo voy hacia ti. 8. Y la palabra que dijo tu fuerza: Dios mío, yo creo en ti, y tú me salvarás de las trampas y de las palabras de los malvados, es la misma que dijo la Sabiduría fiel. 9. Luz, yo creo en ti, porque tú me librarás del triple poder y de Adamas el tirano, y tú me librarás de todas las penas que me afligen. 10. Y la palabra que tú has puesto en boca de David: Él cubrirá tu pecho con tu sombra y tú tendrás confianza bajo sus alas, es ésta: La Sabiduría fiel está en la luz que emana de la luz que sale de ti. 11. Y ella persevera, confiando en la luz que la rodea a derecha e izquierda, y que son las alas de la emanación de la luz. 12. Y la palabra que la fuerza de Dios explicó con la

boca de David: La verdad te circundará, es la luz de la emanación de la luz, que circundó a la Sabiduría fiel. 13. Y la palabra
que ha dicho tu fuerza: Y no temerá el terror de la noche, significa que la Sabiduría fiel no temía los terrores y las turbaciones
que la habían rodeado en el caos, que es la noche. 14. Y la palabra que ha dicho tu fuerza: Y no temerá la flecha que vuela en el
día, significa que la Sabiduría fiel no temió la fuerza que la verdad envió de la suma altura, y que es en el caos como una flecha
que vuela. 15. Así, tu fuerza de luz ha dicho: No temerás la flecha que
vuela en el día. 16. Porque esta fuerza sale del treceno eón, el
dueño de los otros doce eones, y es la luz para todos. 17. Y por
eso has dicho: el día. 18. Y esta otra frase que ha dicho la fuerza
de la luz: no temerá a lo que pasea en las tinieblas, quiere decir
que la Sabiduría fiel no temió a la fuerza con rostro de serpiente que
asustaba a la Sabiduría fiel, en el caos, que constituye las tinieblas. 19. Y la expresión que ha empleado la fuerza: no temerá al
demonio del mediodía, significa que la Sabiduría fiel no temió a
las proyecciones salidas del tirano Adamas, el eón doce, y que
arrojaron en un destierro a la Sabiduría fiel. 20. Y por eso la fuerza ha dicho: no temerá al demonio del mediodía. 21. Porque la
hora del mediodía es la que proviene del duodécimo eón. 22. Y
ella salió del caos, que es la noche, y la noche salió del duodécimo eón, que está en medio de todos. 23. Y la fuerza de luz ha
dicho: la hora del mediodía, porque los doce eones son el come-
dio entre el eón trece y el caos. 24. Y la palabra que tu fuerza de
luz ha dicho por boca de David: Mil cayeron a su izquierda, y
miríadas de ellos a su derecha, y los demás no se le aproximaron,
significa que una multitud de emanaciones del triple poder no
pudieron permanecer ante la gran luz de la emanación de la luz.
25. Y muchos de ellos cayeron a la izquierda de la Sabiduría fiel,
y otros muchos a la derecha, y ninguno podía aproximarse. 26. Y
cuando dijo tu fuerza de luz, por boca de David: Y, sin embargo,
tú contemplarás a los pecadores, porque tú eres su esperanza,
Señor, significa que la Sabiduría fiel ha mirado a todos sus enemigos, que fueron derrotados al fin. 27. Y no sólo ella los ha visto
así, sino tú, Señor, el primer misterio, has arrebatado la fuerza de

la luz que estaba en la fuerza con la faz de león. 28. Y has arrebatado su fuerza a todos los vástagos del triple poder. 29. Y los has precipitado en el caos y les has impedido ir a sus regiones. 30. Y la Sabiduría fiel ha visto a sus enemigos caídos en el caos y ha visto la recompensa que les ha sido otorgada. 31. Porque habían querido privar a la Sabiduría de su luz, y tú los has privado de la luz que había en ellos, y no a la Sabiduría, que había sido fiel a la luz de las regiones superiores. 32. Y esto, según lo expresó tu fuerza de luz por boca de David: Tú te has refugiado en un lugar elevado y al cual no se te aproximará. 33. Y esto significa que la Sabiduría fiel, habiendo sido acosada por sus enemigos a causa de su fe en la luz, dirigió himnos a la luz, y no pudieron hacerle ningún mal, ni aproximarse a ella. 34. Y la palabra que tu fuerza de luz puso en boca de David: Él ha ordenado a sus ángeles guiarte en todos los caminos y conducirte con sus manos, para que no te hieras contra las piedras, significa que tú has ordenado a Gabriel y a Miguel que condujesen a la Sabiduría por todas las regiones del caos, llevándola en sus manos, para que no tocase a las tinieblas inferiores. 35. Y la palabra que dijo tu fuerza de luz por boca de David: Tú marcharás sobre la serpiente y sobre el basilisco, y sobre la serpiente y sobre el dragón, porque tú tienes confianza en mí; significa que, cuando la Sabiduría fiel *ha* sido elevada sobre el caos, ha andado sobre los servidores del triple poder. 36. Y ha andado sobre los que tienen faz de serpiente y forma de basilisco con siete cabezas. 37. Y sobre la fuerza con faz de león, y sobre la que tiene apariencia de dragón. 38. Y como ella fue fiel a tu luz, fue salvada de todas ellas. 39. Y ésta es, Señor, la explicación de las palabras que nos has dicho". 40. Y cuando el primer misterio hubo oído estas palabras, dijo: "Así es, mi querido Jacobo".

XXII. Explicación de Tomás

1. Y el primer misterio continuó hablando. 2. Y dijo a sus discípulos: "Cuando yo hube conducido a la Sabiduría fiel fuera del

caos, ella clamó y dijo: 3. Y he sido preservada del caos y me he visto libre de las ligaduras de las tinieblas. 4. Y he venido hacia ti, ¡oh, luz!, porque tú has sido la luz, preservándome y protegiéndome por todas partes. 5. Y los enemigos que me combatían han huido ante la luz. 6. Y no se me han podido aproximar, porque tu luz estaba conmigo. 7. Y la emanación de tu luz me protegía cuando los enemigos que me combatían me habían arrebatado mi luz y, privada de ella, me habían arrojado a los infiernos. 8. Y yo era ante ellos como una materia inerte. 9. Y la fuerza de tu emanación vino de ti hacia mí para salvarme. 10. Y brillaba a mi izquierda y a mi derecha y ninguna de las regiones intermedias en que yo estaba carecía de luz. 11. Y purificaste en mí todas mis malas materias. 12. Y yo fui por encima de todas mis malas materias gracias a tu luz y a la emanación de tu luz. 13. Y confié en tu luz y la emanación pura de tu luz me socorrió. 14. Y los enemigos que me atormentaban fueron alejados de mí. 15. Y éste es el cántico que elevó la Sabiduría fiel cuando fue libertada de los lazos del caos. 16. Y que oiga el que tenga oídos para oír". 17. Y cuando el primer misterio hubo acabado de decir estas palabras, Tomás se adelantó, y dijo: "Señor, mis oídos han recibido la luz. 18. Y mi inteligencia comprende las palabras que has dicho. Permíteme interpretar las palabras de la Sabiduría fiel". 19. Y el primer misterio se dirigió a Tomás, y dijo: "Yo te permito interpretar el himno que me dirigió la Sabiduría fiel". 20. Y Tomás dijo: "Señor, respecto al himno que te dirigió la Sabiduría fiel cuando fue libertada del caos, tu fuerza de luz ha profetizado por boca de Salomón, hijo de David, cuando dijo en su oda: He sido libertado de las cadenas que me amenazaban. 21. Y he ido hacia ti, Señor, porque tú eres la mano que me ha protegido y defendido, asistiéndome contra los que me combatían. 22. Y ellos no han aparecido, porque tu faz estaba conmigo y me defendía por un efecto de tu gracia. 23. Y he sido golpeado y vilipendiado y me han desaprobado ante la multitud. 24. Y he sido como el plomo ante ellos. 25. Mas tu fuerza ha venido a mi socorro, y has puesto lámparas a mi izquierda y a mi derecha, para que nadie en mi torno careciese de luz. 26. Y tu mano derecha me ha elevado, y me has curado de mi enfermedad. (Falta el versículo No. 27) 28. Y me he hecho fuerte por tu verdad y por tu justicia. 29. Y los que combatían contra mí han sido alejados. 30. Y he sido justificado por tu bondad en tu reposo para la eternidad de las entidades. 31. He aquí, Señor, la explicación del cántico que elevó la Sabiduría fiel". 32. Y el primer misterio, luego que oyó las palabras de Tomás, le respondió: "Está bien, Tomás. 33. Y grande es tu bienaventuranza, que ésa es la explicación del himno que dijo la Sabiduría fiel.

XXIII. Segundo himno que eleva la Sabiduría fiel y explicación que da Mateo

1. Y el primer misterio continuó hablando así a sus discípulos: 2. "La Sabiduría fiel me elevó otro himno, diciendo: Yo he levantado mi voz hacia ti. 3. Porque tú me has retirado de la región elevada de los eones que está encima del cielo y me has conducido a las regiones inferiores. 4. Y me has sacado de las regiones inferiores y has quitado la materia que había en mis fuerzas. 5. Y has alejado de mí las emanaciones del triple poder que me atormentaban y eran mis enemigos. 6. Y me has prestado tu ayuda para que yo pudiese librarme de las cadenas de Adamas y para que pudiese vencer al basilisco de siete cabezas. 7. Y los has destrozado por mis manos y me has puesto encima de su materia. 8. Y los has destruido para que su raza no resurja. 9. Y has estado conmigo dándome fuerza, y tu luz me ha envuelto por todas partes, y has hecho impotentes las emanaciones del triple poder. 10. Porque has arrebatado la fuerza de su luz. 11. Y has dirigido mi camino para sacarme del caos y me has hecho salir de las tinieblas materiales. 12. Y has retirado todas mis fuerzas del poder de aquellos a quienes tú has arrebatado la luz. 13. Y has puesto en mis fuerzas una luz pura, y a todas las partes de mi ser que no tenían ninguna luz les has dado una luz pura que proviene de las regiones superiores. 14. Y la luz de tu faz se ha convertido en mi vida. 15. Y me has vuelto a llevar encima del caos, para que todas las mate-

rias que hay en sus regiones sean disueltas. 16. Y para que tu luz renueve todas mis fuerzas y esté en todas ellas. 17. Y has puesto en mí la luz de tu emanación me he convertido en una luz purificada. 18. Éste es el segundo himno que dijo la Sabiduría fiel. Y que el que entienda este cántico avance para dar su explicación". 19. Y cuando el primer misterio hubo terminado de decir estas palabras, Mateo se adelantó y dijo: "Yo conozco la explicación del himno que elevó la Sabiduría fiel. Permíteme exponerlo con toda claridad". 20. Y el primer misterio contestó: "Te lo permito, Mateo. Danos la explicación del himno que pronunció la Sabiduría fiel". 21. Y Mateo dijo: "La explicación del himno que dijo en segundo lugar la Sabiduría fiel está profetizada por tu fuerza de luz en una de las odas de Salomón. 22. Él me ha llevado a los lugares situados por encima del cielo. 23. Y me ha llevado a los sitios que están en los cimientos inferiores. 24. Y ha dispersado a mis adversarios y enemigos. 25. Y me ha dado el poder de romper mis cadenas y ha vencido, por mis manos, a la serpiente de siete cabezas. 26. Y me ha puesto sobre su raíz, para que yo destruyese su raza. 27. Y tú estabas conmigo, Señor, y me protegías, y tu nombre era conmigo en todo lugar. 28. Y tu claridad ha destruido la visión del que habla perversamente. 29. Mas tu mano ha tapizado el camino para los que te son fieles. 30. Y los has rescatado del sepulcro y los has conducido por en medio de los cadáveres. 31. Y has recogido los huesos de los muertos, y los has revestido de carne, y has dado a los que nada sentían la energía y la vida. 32. Y has llevado a los eones a su perdición, para que fuesen destruidos todos, y para que renaciesen nuevamente y tu luz fuese doblada por todos ellos. 33. Y has construido tu riqueza mediante ellos y los has convertido en la residencia de tus santos. 34. He aquí, Señor, la explicación del himno dicho por la Sabiduría fiel". 35. Y cuando el primer misterio oyó las palabras que había pronunciado Mateo, dijo: "Está bien, Mateo amado. 36. Porque ésa es la explicación del himno que elevó la Sabiduría fiel".

XXIV. María y Marta interpretan
palabras de la Sabiduría fiel

1. Y el primer misterio, continuando su discurso, dijo: "La Sabiduría elevó en seguida otro himno. 2. Y dijo: Tú eres la luz alta que me has librado y me has conducido hacia ti. 3. Y no has dejado que las emanaciones del triple poder me despojasen de mi luz. 4. Ellas son mis enemigos, ¡oh, luz de las luces! Yo elevo mis cánticos hacia ti. 5. Tú me has libertado, luz; tú has elevado mi fuerza en el caos. 6. Y me has librado de aquellos que descienden a las tinieblas. 7. He aquí las palabras que pronunció la Sabiduría fiel. El que comprenda su sentido adelántese y dé una explicación". 8. Y cuando el primer misterio hubo dicho estas palabras a sus discípulos, María se adelantó. 9. Y dijo: "Señor, yo comprendo lo que tú acabas de decirnos. 10. Mas temo a Pedro, porque me asusta, y sé el horror que tiene por nuestro sexo". 11. Y cuando María hubo hablado así, el primer misterio le dijo: "Nadie podrá enojarse contra quien, sintiendo iluminada su inteligencia, se adelante para explicar las cosas que yo digo. 12. Da, pues, María la explicación de las palabras que pronunció la Sabiduría fiel". 13. Y María, contestando al primer misterio, dijo en medio de los discípulos: "Señor, tu fuerza de luz ha profetizado por boca de David las palabras de la Sabiduría fiel. 14. Porque dijo: Yo te exalto, Señor, porque tú me has recibido en ti. 15. Y porque has salvado a aquellos que descendían a sus tumbas". 16. Y cuando María hubo hablado de este modo, el primer misterio dijo: "Bienaventurada eres, María". 17. Y prosiguió hablando y dijo a sus discípulos: "La Sabiduría fiel pronunció inmediatamente este otro himno: 18. La luz ha sido mi libertadora y ha cambiado mis tinieblas en luz. 19. Y ha abierto el caos que me envolvía y me ha ceñido de luz". 20. Y cuando el primer misterio hubo pronunciado tales palabras, Marta se adelantó y dijo: "Señor, tu fuerza ha profetizado esto por boca de David. 21. Diciendo: Yo te loaré, Señor, porque tú me has recibido en ti". 22. Y cuando el primer misterio oyó las palabras de Marta dijo: "Está bien, Marta". 23. Y siguió dirigiéndose a sus discípulos y les dijo: "La

Sabiduría fiel siguió recitando himnos. 24. Y dijo: Mi fuerza ensalza las alabanzas de la luz. 25. Y no olvida las fuerzas de la luz y todas las fuerzas que hay en ti. 26. Yo elevo un himno al santo misterio que me ha remitido todas mis faltas. 27. Porque me ha protegido contra todas las aflicciones con que mis enemigos me herían. 28. Y ha librado mi luz de todos los perseguidores, que encarnizadamente me ofendían. 29. Y su misericordia te ha dado, ¡oh, fuerza mía!, una corona de luz, y te ha libertado y llenado de una luz pura". 30. Y habiendo pronunciado estas palabras, dijo el primer misterio: "Aquel que pueda dar la explicación de estas palabras que avance y que la dé con claridad". 31. Y María se adelantó y dijo: "Señor, tu fuerza de luz ha profetizado sobre esto, poniendo en boca de David estos términos: Que mi alma loe al Señor y que cuanto está en mí loe al Señor". 32. Y cuando el primer misterio oyó las palabras de María, dijo: "Está bien, María: bienaventurada tú".

XXV. Diálogo de Jesucristo con la Sabiduría fiel

1. Y siguió hablando el primer misterio y dijo a sus discípulos: "Y conduje a la Sabiduría fiel. 2. Y la llevé a las regiones que están debajo del treceno eón. 3. Y le comuniqué el nuevo misterio de la luz y le di el himno de la luz, para que los *archones* de los eones no la pudiesen molestar desde aquel punto y hora. 4. Y la puse en aquel lugar hasta que, yendo a ella, la condujese a su puesto, que está en las regiones superiores. 5. Y cuando la hube puesto en aquel sitio, ella me elevó otro himno. 6. Y dijo de esta manera: Yo soy fiel a la luz y la alabo, porque se ha acordado de mí y ha escuchado mis himnos. 7. Y ha sacado mi fuerza del caos y de todas las tinieblas de la materia. 8. Y llevándome a lo alto me ha puesto en una región elevada y firme. 9. Y me ha puesto en el camino que conduce a mi sitio, y me ha dado el nuevo misterio y me ha comunicado el himno de la luz. 10. Y ahora, luz, todos los *archones* verán lo que has hecho conmigo y así serán temerosos y fieles a la luz. 11. Éste fue el himno que profirió la Sabiduría

fiel, henchida de júbilo al verse sacada del caos, y conducida a la zona que está debajo del decimotercero eón. 12. Y que aquel cuya inteligencia comprenda el himno dicho por la Sabiduría fiel se adelante para explicarlo". 13. Y Andrés se adelantó. Y dijo: "Señor, tu fuerza de luz profetizó este punto por boca de David, haciendo que dijera: El Señor ha escuchado mi plegaria y ha sacado mi alma de la tumba". 14. Y cuando Andrés hubo dado la explicación de las palabras de la Sabiduría fiel, el primer misterio le dijo: "Bienaventurado eres, Andrés". 15. Y siguió hablando y dijo a sus discípulos: "Estas son las cosas que sucedieron a la Sabiduría fiel. 16. Y cuando la hube llevado a las regiones que están bajo el treceno eón, habiéndome aproximado a la luz, me dijo: La luz de las luces, vuelve hacia ti la luz y sepárate de mí, para que el tirano Adamas sepa que tú estás separado de mí. 17. Y para que ignore quién debe libertarme. 18. Porque han venido hacia mí en esta región él y todos los *archones* que me odian. 19. Y el triple poder que dio la potencia a la fuerza con rostro de león, para que viniesen a atormentarme. 20. Y para que me arrebatasen mi luz y así quedase yo sin potencia y me viese privada de toda luz. 21. Luz y luz mía, quítales la fuerza de su luz, para que no puedan afligirme más desde ahora. 22. Y cuando escuché las palabras que decía la Sabiduría fiel, le respondí: Mi padre que me ha creado no me ha permitido aún quitarles su luz. 23. Mas yo irradiaré mi luz en todas las regiones del triple poder y de todos los *archones* que te odian, porque tú has sido fiel a la luz. 24. E irradiaré mi luz en las regiones de Adamas y de sus *archones*, para que no tengan fuerza para combatir contra ti. 25. Hasta que su tiempo se cumpla y hasta que llegue el momento en que mi Padre me permita arrebatarles su luz. 26. Y le dije aun: Escucha, y te haré conocer cuándo llegará su tiempo y el cumplimiento de las cosas que te he dicho. 27. Ellas ocurrirán cuando tres tiempos hayan sido cumplidos. 28. Y la Sabiduría fiel me respondió: Luz, haz que yo sepa cuándo serán cumplidos los tres tiempos. 29. Para que yo me regocije y sea en el gozo cuando se acerque el momento en que debes conducirme al lugar que me está reservado. 30. Y para que me regocije también cuando se aproxime el tiempo en que tú quitarás la luz a cuantos me odian porque he sido fiel a la luz. 31. Y yo le repliqué: Cuando tú veas abrirse la puerta del tesoro de la gran luz, que está a la izquierda del treceno eón. 32. Porque cuando ellos hayan abierto esta puerta, los tiempos serán cumplidos. 33. Y la Sabiduría contestó: Luz, estando en los lugares en que estoy, ¿cómo sabré que esa puerta se ha abierto? 34. Y yo le respondí: Cuando se abra esa puerta, todos aquellos que están en las regiones del espacio lo sabrán porque una gran luz se expandirá en todas sus regiones. 35. Y yo he dispuesto esas puertas para que tus enemigos no puedan hacerte ningún mal hasta que los tres tiempos sean cumplidos. 36. Y tendrás la facultad de ir entre los doce eones cuando tú quieras y de volver a tu lugar, debajo de la trecena región de los eones, en el que estás ahora. 37. Mas no tendrás la facultad de entrar por la puerta de las regiones superiores, que está en el decimotercero eón, para entrar en tu lugar, de donde tú has salido. 38. Y cuando los tres tiempos sean cumplidos, tus enemigos te atormentarán de nuevo con todos sus *archones* para quitarte la luz. 39. Porque estarán irritados contra ti, creyendo que tú te has apoderado de su fuerza en el caos y pensando que tú les has quitado su luz. 40. Y te acometerán para arrebatar tu luz, para ponerla en el caos y darla a sus criaturas, a fin de que puedan salir del caos y venir a su región. 41. Y Adamas los asistirá. Mas yo les quitaré todas sus fuerzas, y te las daré, y vendré para que tú las tomes. 42. Y cuando te atormenten, eleva un himno a la luz y yo no diferiré el darte mi ayuda. 43. Y vendré prontamente hacia ti desde los lugares que están debajo de ti. 44. Y les quitaré toda su luz y, del lugar en que te he colocado, debajo de la decimotercera región de los eones, te conduciré al lugar de que has salido. 45. Y cuando la Sabiduría fiel hubo oído estas palabras, se regocijó sumamente. 46. Y dejándola en la región que está debajo de la decimotercera región de los eones, me separé de ella y fui hacia la luz".

XXVI. Adamas y sus *archones*, al cumplirse los tres
tiempos previstos por Jesús, atacan a la Sabiduría fiel

1. Y cuando el primer misterio contó a sus discípulos cuanto había sucedido a la Sabiduría fiel, estaba en el Huerto de los Olivos y era allí donde les contaba estas cosas. 2. Y prosiguió hablando y dijo: "Y ocurrió que estaba yo sentado en el mundo de los hombres. 3. Y estaba sentado en el camino que conduce a este lugar, es decir, al monte de los Olivos. 4. Y esto era antes que se me hubiese enviado mi investidura, de la que yo me revestí en el misterio veinticuatro. 5. Y no había ido aún a las regiones superiores a recibir mis dos vestes. 6. Y estando sentado junto a ustedes en este lugar, que es el Huerto de los Olivos, el tiempo que yo había marcado a la Sabiduría fiel se cumplió. 7. Y cumplido ese tiempo, Adamas, con todos sus *archones*, debía atormentarla. 8. Y cuando ese tiempo fue cumplido yo estaba en el mundo de los hombres. 9. Y estando yo con ustedes en este lugar, Adamas miró de lo alto de los doce eones a la región del caos. 10. Y vio su fuerza, que estaba en el caos falta de luz. Porque yo le había quitado su luz. 11. Y vio que estaba obscura, y que no podía ir a su lugar, que está en los doce eones. 12. Y Adamas se acordó de la Sabiduría fiel y se irritó extremadamente contra ella. 13. Porque pensó que ella se había apoderado de su fuerza en el caos y le había quitado su luz. 14. Y tomó con él una multitud de *archones* y persiguieron a la Sabiduría para arrojarla en el caos. 15. Y ella elevó su luz hacia mí, implorando mi ayuda. 16. Y dijo: Luz de las luces, yo pongo mi confianza en ti. 17. Líbrame de mis enemigos y no permitas que me arrebaten mi luz. 18. Eleva mis fuerzas por encima de mis enemigos, que se han declarado contra mí y me persiguen sin tregua. 19. Apresúrate y socórreme, según me lo has prometido". 20. Y cuando el primer misterio hubo dicho estas palabras, añadió: "Que el que comprenda las palabras de la Sabiduría fiel se adelante para dar su explicación". 21. Y Jacobo se adelantó y dijo: "Señor, tu fuerza de luz profetizó acerca de esto cuando puso en boca de David las palabras de su séptimo salmo. 22. Señor Dios, yo creo en ti. Protégeme contra mis per-

seguidores". 23. Y cuando el primer misterio hubo escuchado estas palabras, dijo: "Así es, amado Jacobo". 24. Y Jesús continuó hablando. Y dijo: "Ocurrió que, cuando la Sabiduría fiel concluyó aquel himno, se volvió para ver si Adamas se marchaba con sus *archones*. 25. Y vio que la perseguían y se volvió hacia ellos. 26. Y les dijo: ¿Por qué me persiguen? ¿Porque creen que no recibiré ningún socorro que me libre de ustedes? 27. Porque quien me defiende es justo. 28. Y su luz es potente y él me defenderá en el tiempo que me ha marcado. 29. Porque me ha dicho: *Yo vendré para socorrerte.* 30. Y él extenderá su cólera sobre ustedes en todo momento. Porque éste es el tiempo que él me ha fijado. 31. Vuelvan atrás y dejen de perseguirme. Porque si no, la luz preparará su fuerza. 32. Preparará todas sus fuerzas, y les quitará su luz, y ustedes quedarán en la obscuridad. 33. Porque ha procreado sus fuerzas para arrebatar su luz con objeto de que perezcan. 34. Mas cuando la Sabiduría fiel habló así, miró a la región de Adamas. 35. Y vio aquella región en tinieblas y el caos procreado por él. 36. Y vio también dos *próbolos* obscuros y crueles que Adamas había procreado para que la asesinaran. 37. Y para que la condujesen al caos que él procreó y la atormentasen allí hasta quitarle su luz. 38. Y cuando la Sabiduría fiel vio aquellos dos *próbolos* obscuros y crueles que Adamas había procreado, y la región tenebrosa del caos que él procreó, quedó sumida en espanto.

XXVII. Jesús libera a la Sabiduría fiel de sus enemigos y la conduce a la región prometida

1. Y se dirigió a la luz, clamando: Luz, he aquí que Adamas, el autor de lo injusto, ha entrado en cólera. 2. Y ha creado un *próbolo* obsceno y un segundo *próbolo*. Y ha procreado el caos. 3. Quítale, ¡oh, luz!, el caos que ha creado para llevarme a él y privarme de mi luz. 4. Y destruye la resolución que ha tomado de quitarme mi luz. 5. Y en castigo de su injusticia al quererme quitar mi luz, quítale todas las suyas. 6. Tales fueron las palabras que la Sabiduría fiel dijo en su himno. 7. Que aquel cuya inteligencia haya comprendido las palabras de la Sabiduría fiel salga aquí

para explicarlas". 8. Y Marta se adelantó, y dijo: "Señor, yo he comprendido las palabras de la Sabiduría fiel. Permíteme explicarlas claramente". 9. Y el primer misterio contestó a Marta. Y le dijo: "Yo te permito, Marta, explicar las palabras del himno de la Sabiduría fiel". 10. Y dijo Marta: "Señor, esas palabras las profetizó tu fuerza de luz por boca de David, en el séptimo salmo. 11. Diciendo: Mi Dios es un juez verdadero, fuerte y compasivo. 12. Y si ustedes no se convierten, él aguzará sus armas. 12. Y tenderá su arco, y lo manejará, y sus flechas los acabarán". 14. Y cuando Marta hubo concluido, el primer misterio la miró y le dijo: "Está bien, Marta; dichosa tú eres". 15. Y sucedió que, una vez que Jesús hubo explicado a sus discípulos todo lo que había experimentado la Sabiduría fiel cuando fue precipitada en el caos. 16. Y el modo según el cual ella dirigía himnos a la luz para que la salvase y la sacase del caos. 17. Y cómo la introdujo en la duodécima región de los eones, y cómo la luz la protegió en todas las aflicciones que le habían infligido los *archones*, porque quería elevarse a la luz. 18. Jesús continuó su discurso. Y dijo: "En seguida tomé a la Sabiduría fiel y la llevé a la decimotercera región de los eones. 19. Y había allí una luz inmensa, superior a toda otra luz. 20. Y la llevé a la región del veinticuatro invisible, donde había una luz infinita. 21. Y todos quedaron turbados viendo venir conmigo a la Sabiduría. 22. Y la conocían, mas no me conocían a mí. 23. Porque creían que era la emisión de la región de la luz. 24. Y cuando la Sabiduría fiel vio a sus compañeros invisibles, se llenó de una extrema alegría. 25. Y quiso mostrarles los milagros que yo había hecho por ella, desde que yo me encontraba en el mundo de los humanos hasta que la conduje a la región de la luz.

XXVIII. La Sabiduría fiel alaba a Jesús en medio del veinticuatro invisible

1. Y elevándose entre los veinticuatro invisibles y estando en medio de ellos, me elevó un himno. 2. Y dijo: Yo declaro ante ti,

¡oh, luz!, que tú eres el Redentor y el Salvador eterno. 3. Y entonaré un himno a la luz que me ha librado y protegido contra la mano de mis enemigos los *archones*. 4. Porque tú me has librado en todas las regiones: lo mismo en las regiones superiores que en el fondo del caos. 5. Y en las esferas de los *archones* de los eones y cuando yo descendí de la altura. 6. Y cuando me perdí en las regiones en las que no hay ninguna luz. 7. Porque yo no hubiera podido volverme a ti en la decimotercera región de los eones. 8. Pues que no había en mí ninguna luz ni fuerza alguna, que mi fuerza estaba agobiada bajo la aflicción. 9. Y la luz me ha protegido en todos mis dolores y me ha escuchado cuando yo estaba entregada a mis enemigos. 10. Y me ha indicado el camino en la región de los eones, para conducirme a la decimotercera región de los eones, que es mi morada. 11. Yo te rindo homenaje, ¡oh, luz! 12. Porque tú me has salvado. Y yo te celebraré, y a tus milagros, ante la raza de los hombres. 13. Y porque cuando yo estaba privada de mi fuerza, tú me has dado la fuerza. 14. Y cuando yo estaba privada de mi luz, tú me has infundido una luz pura. 15. Porque yo he estado en las tinieblas y en las sombras del caos. 16. Y he estado sujeta por duras cadenas en el caos en que no hay luz alguna. 17. Porque yo he merecido la ira de la luz al desobedecer su mandato y salir de la región que me correspondía. 18. Y cuando hube descendido, fui privada de mi fuerza y de mi luz. 19. Y nadie me socorrió, y cuando mis enemigos me torturaban, yo me dirigía a la luz. 20. Y ella me protegió contra todos mis enemigos. 21. Y rompió mis cadenas y me sacó de las tinieblas y de la aflicción del caos. 22. Yo te glorifico, luz, porque tú me has salvado. 23. Y porque tus milagros han sido patentes ante la raza de los hombres. 24. Porque tú has roto las elevadas puertas de las tinieblas y los duros grillos del caos. 25. Y cuando mis enemigos me mortificaban, yo he dirigido un himno a la luz y ella me ha librado de todos mis perseguidores. 26. Porque al enviar tu emanación hacia mí, ella me ha dado fuerza y me ha sacado de todas mis aflicciones. 27. Yo te ensalzo, luz, porque tú me has salvado y porque has hecho milagros ante la Humanidad. 28. Es el himno que pronunció la Sabiduría fiel cuando se encontraba en el centro del veinticuatro invisible. 29. Para hacer saber cuántos milagros había hecho yo por ella. 30. Y para que se supiese que, viniendo al mundo de los humanos, yo les había transmitido los misterios de las regiones superiores. 31. Que aquel cuyo entendimiento haya sido iluminado se llegue a explicar este himno proferido por la Sabiduría fiel". 32. Y cuando Jesús acabó de decir estas palabras, se adelantó Felipe. 33. Y dijo: "Señor, alta está mi mente y me siento capaz de interpretar el himno de la Sabiduría. 34. Porque sobre esto profetizó David en el salmo ciento seis, cuando dijo: Rindan homenaje al Señor. 35. Porque es compasivo y su misericordia se extiende hasta la eternidad. 36. Y ésta es, Señor, la explicación del himno de la Sabiduría". 37. Cuando Jesús lo escuchó, dijo: "Es verdad, Felipe. 38. Bienaventurado tú eres; porque ésa es la explicación del himno que elevó la Sabiduría fiel".

XXIX. María Magdalena pregunta a Jesús sobre la esencia, composición y modo de ser de los veinticuatro invisibles

1. Y después de todas estas cosas, María Magdalena se adelantó y adoró los pies de Jesús. 2. Y dijo: "Señor, no te incomodes si te interrogo. 3. Porque nosotros nos informamos de todo con celo ardiente. 4. Tú nos has dicho siempre: Busquen y encontraran. Llamen y se les abrirá. 5. ¿Cuál es, Señor, aquel que encontraremos? ¿Quién es aquel a quien hemos de llamar? 6. ¿Quién puede darnos la explicación de las palabras sobre las que te preguntamos? 7. Porque tú nos has dado el conocimiento de la luz y nos has revelado cosas sublimes. 8. No hay en el mundo ser humano que tenga este conocimiento. 9. Nadie existe en las regiones superiores de los eones que pueda explicarnos el sentido de las palabras que tú dices. 10. Sólo tú, que todo lo sabes y en todo eres perfecto, nos lo puedes explicar. 11. Porque nosotros no inquirimos estas cosas como los demás hombres que hay en el mundo. 12. Sino que las buscamos en el conocimiento que de las regiones superiores nos has dado tú. 13. Y las buscamos también

en el lugar de la explicación perfecta con que tú nos has instruido. 14. No te incomodes, Señor, contra mí. 15. Mas revélame la palabra sobre cuyo sentido yo te interrogue". 16. Y cuando Jesús hubo oído las palabras que había dicho María Magdalena, le contestó: "Pregunta lo que quieras, pregunta. 17. Y yo te revelaré con interés y verdad cuanto tú has de hacer. 18. En verdad, en verdad, les digo que se entreguen a una gran alegría y a un júbilo extremo. 19. Y que me pregunten celosamente sobre todo. Porque yo me regocijaré informándolos fielmente de lo que les conviene saber. 20. Pregunta lo que quieras conocer y te lo explicaré con satisfacción". 21. Y cuando María oyó las palabras del Salvador tuvo sumo regocijo. 22. Y dijo a Jesús: "Mi Salvador y Señor, ¿cómo son los veinticuatro invisibles? 23. ¿Y cómo son sus regiones, y de qué especie son, o de qué género es su luz?" 24. Y Jesús contestó a María: "¿Qué hay parecido en este mundo a ellos? 25. ¿A qué los comparará y qué es lo que de ellos podré deciros? 26. Nada en este mundo les es comparable, nada que se les pueda asimilar. 27. Porque nada hay en este mundo que sea de la especie de las cosas del cielo. 28. En verdad les digo que cada invisible es mayor que el cielo y que la esfera que está bajo él. 29. Porque nada hay en este mundo más deslumbrante que la luz del sol. 30. Pero, en verdad, en verdad, les lo digo: Los veinticuatro invisibles tienen una luz diez mil veces más brillante que la del sol de este mundo. 31. Y la luz del gran antepasado invisible es diez mil veces más brillante que la luz que les he dicho que tienen los veinticuatro invisibles. 32. Mas esperen un poco y yo los conduciré a ti y los discípulos, tus hermanos, a todos los lugares de las regiones superiores. 33. Y llevaré a los tres fundamentos el primer misterio y hasta el lugar único del círculo del Inefable.

XXX. Jesús describe a sus discípulos
el aspecto de las regiones superiores

1. Y entonces verán en la realidad esas formas que no tienen parangón. 2. Y cuando los haya conducido a las regiones superio-

res, verán la gloria de los que pertenecen a las regiones superiores. 3. Y sentirán una admiración extrema y, cuando los lleve a la región de los *archones* de la Heimarméné, verán la gloria en que están. 4. Y mirarán al mundo que está ante ustedes como la oscuridad de la obscuridad. 5. Y cuando miren el mundo que habita el género humano, les parecerá un grano de polvo, por la gran distancia que los separará de él. 6. Y cuando los conduzca a la región de los doce eones, verán la gloria en que están. 7. Y esta gloria los hará ver la región de los *archones* de la Heimarméné como la obscuridad de las tinieblas y ella será ante mí como un grano de polvo. 8. Y cuando los haya llevado a la región trece de los eones, las doce regiones de los eones les parecerán como la obscuridad de las tinieblas. 9. Y cuando miren las doce regiones de los eones, les parecerán como un grano de polvo. 10. Y cuando los lleve a la región del medio y vean la gloria que allí brilla, la decimotercera región de los eones les parecerá la obscuridad de las tinieblas. 11. Y si desde allí miran a los doce eones, y a sus esferas, y cuanto los acompaña, les parecerán, por la distancia y por la superioridad sobre ellos, como un grano de polvo. 12. Y cuando los haya conducido a las regiones de aquellos que pertenecen a la derecha, y vean la gloria en que están, las regiones de los que pertenecen al centro les parecerán como la noche del mundo de los hombres. 13. Y al mirar el centro, sus ojos lo verán como un grano de polvo, por la gran distancia que lo separa de las regiones donde habitan los que están a la derecha. 14. Y cuando yo los conduzca a la tierra de luz donde está el tesoro de la luz, para que vean la gloria que resplandece allí, las regiones de la derecha les parecerán como la luz de mediodía en el mundo de los hombres cuando el sol no brilla. 15. Y cuando miren las regiones de la derecha, les parecerán como un grano de polvo, por la gran distancia que las separa del tesoro de la luz. 16. Y cuando yo los conduzca a las regiones de los que han recibido los misterios de la luz, para que vean la gloria de luz en que están, la tierra de la luz les parecerá semejante a la luz del sol del mundo del género humano. 17. Y cuando miren a la tierra de la luz, la distancia y lo inferior que es los harán parecer como un grano de polvo". 18. Y cuando Jesús acabó de decir estas palabras a sus discípulos, María Magdalena se adelantó. 19. Y dijo: "Señor, no te incomodes si te pregunto, porque nosotros nos informamos con celo de todas las cosas". 20. Y Jesús contestó a María: "Pregunta lo que quieras preguntar. 21. Y yo te contestaré claramente, sin parábola, y les diré todas las cosas desde el interior de los interiores hasta el exterior de los exteriores. 22. Y desde el Inefable hasta la obscuridad de las tinieblas, para que tengan de todo conocimiento completo. 23. Dime, pues, María, lo que deseas saber y yo te lo revelaré con satisfacción". 24. Y ella dijo: "Señor, los hombres que hayan recibido los misterios de la luz ¿serán más ensalzados en tu reino que los *próbolos* del tesoro de la luz? 25. Porque yo te he oído decir: Cuando los haya llevado a la región de los que recibieron los misterios, la región de la tierra de la luz les parecerá como un grano de polvo. 26. Y esto por la gran distancia y la gran gloria en que está la región de los que han recibido los misterios. 27. Dinos, pues, Señor: ¿Los hombres que reciban los misterios serán más ensalzados que la tierra de la luz? 28. ¿Serán, pues, más altos que ella en el reino de luz?" 29. Y Jesús contestó a María: "Bien está que te informes con celo de todo. 30. Mas yo te hablaré de la misión de los eones y de la erección del universo.

XXXI. Jesús explica a sus discípulos los misterios de los doce salvadores, las parábolas y los árboles del tesoro de la luz

1. Porque ya se los dije: Cuando los haya conducido a las regiones que son patrimonio de aquellos que han recibido los misterios de la luz, las regiones de los *próbolos* de la luz no les parecerán más que un grano de polvo, y como la luz del sol del día. 2. Y estas cosas ocurrirán en el tiempo de la erección del universo. 3. Y los doce salvadores de los tesoros, y los doce rangos de aquellos que son los *próbolos* de las siete voces y de los cinco árboles estarán conmigo en las regiones del patrimonio de la luz. 4. Y estarán conmigo en mi reino. 5. Y cada uno estará sobre sus *próbolos*, y cada uno será rey sobre su gloria, grande sobre su grandeza y pequeño

sobre su pequeñez. 6. Y el salvador del *próbolo* de la primera voz estará en la región de las almas que recibieron el primer misterio del primer misterio en mi reino. 7. Y el salvador del *próbolo* de la segunda voz estará en la región de las almas que recibieron el segundo misterio del primer misterio en mi reino. 8. Y el salvador del *próbolo* de la tercera voz estará en la región de los que recibieron el tercer misterio del primer misterio en el patrimonio de la luz. 9. Y el salvador del *próbolo* de la cuarta voz del tesoro de la luz estará en la región de las almas de los que recibieron el cuarto misterio del primer misterio en el patrimonio de la luz. 10. Y el salvador del *próbolo* de la quinta voz del tesoro de la luz estará en la región de las almas que recibieron el quinto misterio del primer misterio en el patrimonio de la luz. 11. Y el sexto salvador del *próbolo* de la sexta voz residirá en las regiones de las almas que hayan recibido el sexto misterio del primer misterio. 12. Y el séptimo salvador del *próbolo* de la séptima voz del tesoro de la luz estará en la región de las almas que recibieron el séptimo misterio del primer misterio en el tesoro de la luz. 13. Y el octavo salvador, que es el salvador del *próbolo* del primer árbol del tesoro de la luz, estará en la región de las almas que reciben el octavo misterio del primer misterio en el patrimonio de la luz. 14. Y el noveno salvador, que es el salvador del *próbolo* del segundo árbol del tesoro de la luz, estará en la región de las almas que reciben el noveno misterio del primer misterio en el patrimonio de la luz. 15. Y el décimo salvador, que es el salvador del *próbolo* del tercer árbol del tesoro de la luz, estará en la región de las almas que reciben el décimo misterio del primer misterio en el patrimonio de la luz. 16. Y el undécimo salvador, que es el salvador del *próbolo* del cuarto árbol del tesoro de la luz, estará en la región de las almas que reciben el onceno misterio del primer misterio en el patrimonio de la luz. 17. Y el duodécimo salvador, que es el salvador del *próbolo* del quinto árbol del tesoro de la luz, estará en la región de las almas que reciben el duodécimo misterio del primer misterio en el patrimonio de la luz. 18. Y los siete *amén*, y los cinco árboles, y los tres *amén* estarán a mi derecha, como reyes que subsisten en el patrimonio de la luz. 19. Y los salvadores gemelos que son el hijo del hijo. 20. Y los nueve guardianes estarán a mi izquierda, como reyes que siguen siendo en el patrimonio de la luz. 21. Y cada uno de los salvadores será rey sobre su *próbolo*, en el patrimonio de la luz, como lo son en el tesoro de la luz. 22. Y los nueve guardianes de los tesoros de la luz estarán más elevados que los salvadores en el patrimonio de la luz. 23. Y los salvadores gemelos estarán más elevados que los nueve guardianes en el reino. 24. Y los tres *amén* estarán más elevados que los dos salvadores gemelos en el reino. 25. Y los cinco árboles estarán más elevados que los tres *amén* en el patrimonio de la luz. 26. Y Jeû, guardián de las posesiones de la luz, y el gran Sabaoth, el bueno, serán reyes sobre el primer salvador de la primera voz del tesoro de la luz, que está en la región de aquellos que reciban el primer misterio del primer misterio. 27. Porque Jeû es el guardián de las regiones de los que están a la derecha, y Melquisedec, el gran heredero de la luz. Y los dos grandes jefes que emanan de la luz elegida, que es la pureza misma, y que se extiende desde el primer árbol hasta el quinto. 28. Jeû es el obispo de la luz, que emana el primero en la pureza de la luz del primer árbol. 29. Y es el guardián del patrimonio de los que pertenecen a la derecha y emanan del segundo árbol, y los dos jefes emanan también de la pura luz elegida del tercero y del cuarto árbol en el tesoro de la luz. 30. Y Melquisedec emana del quinto árbol. 31. Y el gran Sabaoth, el bueno, a quien yo he llamado mi Padre, emana de Jeû, el guardián de la luz.

XXXII. Jesús explica a sus discípulos el destino de los hombres que no hayan sido iniciados en los misterios

1. Y a causa de la sublimidad de la esencia que ha sido puesta en ellos, todos serán reyes asociadamente en el primer misterio de la primera voz del tesoro de la luz. 2. Y estarán en la región de las almas que reciben el primer misterio del primer misterio. 3. Y donde están la virgen de la luz y el gran conductor del medio, que los *archones* de los eones llaman el gran Iaô. 4. Y este es el

nombre del gran *archón* que está en sus regiones. 5. Y él y la virgen de la luz y sus doce diáconos serán también todos ellos reyes. 6. Y vosotros habréis la forma y la fuerza de los doce diáconos. 7. Y el primer salvador de la primera voz estará en la región de las almas de los que recibieron el primer misterio del primer misterio en las posesiones de la luz. 8. Y los quince satélites de las siete vírgenes de la luz que están en el medio emanarán de las regiones de los doce salvadores. 9. E igualmente los demás ángeles del medio, cada uno sobre su gloria. 10. Para que sean reyes conmigo en las posesiones de la luz. 11. Y yo seré rey sobre todos ellos en las posesiones de la luz. 12. Y todas las cosas que les digo no sucederán ahora. 13. Sino que sucederán cuando se verifique la asociación de los eones, que es la solución de todas las cosas, y la erección total de la cuenta de las almas que participen en las posesiones de la luz. 14. Y antes de la asociación que les digo, ninguna de estas cosas tendrá lugar. 15. Y cada uno estará en su región donde ha sido colocado desde el comienzo, hasta que el número de la congregación de las almas admitidas se haya completado. 16. Y las siete voces, y los cinco árboles, y los tres *amén*, y los salvadores gemelos. 17. Y los nueve guardianes, y los doce salvadores, y los que están en las regiones de los que pertenecen a la derecha, y los que están en el medio, todos permanecerán en la región y en el sitio en que fueron colocados. 18. Hasta que sean transportados afuera y el número de las almas admitidas a la luz haya sido cumplido. 19. Y los otros *archones* que pertenecen al medio permanecerán igualmente en sus lugares hasta que estas mismas cosas se hayan cumplido. 20. Y todas las almas llegarán en el tiempo en que cada una reciba su misterio. 21. Y serán transportadas hacia los *archones* que están en el medio y vendrán a las regiones de los que pertenecen al medio. 22. Y los que pertenecen al medio las bautizarán con la unción espiritual. 23. Y pasarán por las regiones de los que pertenecen al medio y pasarán a las regiones de los que están a la derecha. 24. Y a las regiones de los nueve guardianes y a las regiones de los salvadores gemelos. 25. Y a las regiones de los tres *amén* y de los doce salvadores. 26. Y a los cinco árboles, y a las siete voces, y cada uno le dará sus claves y sus misterios. 27. Y ellos vendrán a todas estas almas que llegan a las regiones de la luz a medida que vayan recibiendo los misterios de la luz y vayan tomando posesión de la luz.

XXXIII. María da el sentido perfecto de las revelaciones del Salvador

1. Y todas las almas humanas que reciban la luz llegarán a los *archones* que están en el medio. 2. Y llegarán a todos cuantos pertenecen a las regiones del medio. 3. Y a las regiones de cuantos pertenecen a la derecha. 4. Y a todos los que pertenecen a todas las regiones del tesoro de la luz y entrarán en todas. 5. Y llegarán a todos los que pertenecen a las regiones del primer mandato. 6. Para llegar en las posesiones de la luz hasta la región de su misterio. 7. Y para que cada uno permanezca en la región que ha recibido el misterio para él. 8. Tanto los que pertenecen a la región del medio, como los que pertenecen a la derecha, y como los que pertenecen a cualquiera de las regiones de la luz. 9. Y cada uno estará en la región y en el puesto en que ha sido situado desde el principio, hasta que todas las cosas sean consumadas. 10. Y hasta que cada uno haya cumplido la misión que se le ha destinado con respecto a la congregación de las almas que han recibido los misterios. 11. Y para que pongan su sello sobre todas las almas que han recibido los misterios y que han de pasar a los que comparten los tesoros de la luz. 12. Y esto es, María, lo que tan celosamente querías saber. 13. Que oiga quien tenga oídos para oír". 14. Y cuando Jesús hubo acabado de decir estas palabras, María Magdalena se adelantó y dijo: "Señor, cuantas palabras has dicho han sido para mis oídos tesoros de luz. 15. Mas permite que te interrogue sobre lo que has dicho, Señor. 16. Porque has dicho que todas las almas de la raza de los hombres que reciban los misterios de la luz entrarán en el patrimonio de la luz ante todos los *archones*. 17. Y ante todos los que pertenecen a toda la región de la derecha y a todas las regiones del tesoro de la luz. 18. Mas tú nos has dicho siempre: los primeros serán los últimos y los últi-

mos serán los primeros. 19. Y los últimos son la raza de los hombres que entrarán primero en el reino de la luz, como aquellos que pertenecen a las regiones superiores y son los primeros. 20. Y tú nos has dicho, Señor: el que tenga oídos para oír que oiga. 21. Y eso significa que tú quieres saber si nosotros comprendemos las palabras que tú has dicho". 22. Y cuando María dejó de hablar, Jesús admiró lo que acababa de decir, porque daba el sentido perfecto de lo que él había revelado. 23. Y el Salvador contestó: "Está bien, María. 24. Y tú has hablado con gran sabiduría, porque ésa es la explicación de mi discurso".

XXXIV. María y Juan dialogan con Jesús acerca de sus revelaciones

1. Y Jesús, continuando, dijo a sus discípulos: "Escuchen. 2. Porque voy a hablarles de la gloria de los que pertenecen a las alturas y cómo son; según les he hablado hasta aquí. 3. Cuando yo los conduzca a la región del último fundamento del tesoro de la luz, y cuando yo los conduzca a esas regiones para que vean la gloria que allí hay, la región del patrimonio de la luz no estará más en su pensamiento que la imagen del mundo. 4. Y esto, por la grandeza del último fundamento y de la gran luz que hay allí. 5. Y les hablaré de la gloria del compañero que está encima del compañero menor. 6. Y les hablaré de las regiones que están encima de los compañeros. 7. Nada hay en este mundo con lo que se las pueda comparar, ninguna semejanza que las pueda expresar, ninguna luz, ninguna fuerza que les pueda ser puesta en parangón. 8. Porque no hay medio de explicar en este mundo cómo son las cosas de las que les hablo". 9. Y cuando Jesús cesó de hablar, María Magdalena se adelantó. 10. Y le dijo: "Señor, no te incomodes contra mí, si yo quiero averiguarlo todo con interés y con celo. 11. Porque es con el fin de que mis hermanos lo anuncien a la raza de los hombres. 12. Y para que los hombres, oyéndolos y creyéndolos, se salven de los rigurosos tormentos que les harían sufrir los malvados *archones*. 13. Y para que los

hombres lleguen al reino de los cielos. 14. Porque nosotros, Señor, no somos solamente misericordiosos para con nosotros mismos. 15. Sino que sentimos misericordia de toda la raza humana y no queremos que sufra tormentos crueles. 16. Y por eso, Señor, nos informamos de todas las cosas con ardor. 17. Para que nuestros hermanos las anuncien a toda la raza de los hombres. 18. Y para que no caigan en las manos de los crueles *archones* de las tinieblas. 19. Y para que sean preservados del sufrimiento de las tinieblas exteriores". 20. Y cuando Jesús hubo oído las palabras que dijo María, el Salvador manifestó por ella su gran misericordia. 21. Y dijo: "Pregunta lo que quieras preguntar, y yo te lo revelaré claramente, sin parábola". 22. Y cuando María escuchó las palabras del Salvador, sintió un vivo júbilo y dijo: "Señor, ¿cuánto es más grande el segundo antepasado que el primero? 23. ¿Qué distancia los separa y cuánto es más grande su luz?" 24. Y Jesús respondió así a María, entre sus discípulos: "En verdad, en verdad, les digo que el segundo antepasado está alejado del primero una distancia tal que ninguna medida puede expresarla. 25. Ni según la altura y profundidad, ni según lo ancho y lo largo. 26. Y está alejado a una distancia inmensa, que ninguna medida puede expresar, de los ángeles, los arcángeles y los dioses. 27. Y la superioridad de su luz es tal que ninguna cifra puede computarla. 28. Y el tercero, y el cuarto y el quinto antepasado son, cada uno de ellos, tan superior al otro, que ninguna superioridad puede serles comparada para dar la medida. 29. Y cada uno posee respecto al otro una luz superior en un grado inexpresable". 30. Y cuando Jesús hubo dicho estas frases a sus discípulos, Juan habló a Jesús. 31. Y dijo: "Señor y Salvador mío, permíteme que yo hable. 32. No te encolerices contra mí si te pregunto con interés y celo, porque has prometido revelarnos cuanto te preguntemos. 33. No nos ocultes nada, Señor, de las cosas que te preguntemos". 34. Y Jesús, en su gran misericordia, contestó a Juan. 35. Y le dijo: "Tú también, querido Juan, eres bienaventurado. 36. Pregunta lo que quieras, y yo te contestaré francamente y sin parábolas. 37. Y te instruiré en cuanto me preguntes con fervor y celo". 38. Y Juan dijo a Jesús: "Señor, aquel que haya recibido el misterio ¿quedará en el lugar donde está, y no podrá ir a las otras regiones que están sobre él, ni descender a las demás regiones que hay bajo él?"

XXXV. Jesús revela a sus discípulos quién es el conocedor de todos los misterios

1. Y Jesús, contestando, dijo a Juan: "Mis queridos y buenos discípulos, ustedes se informan de todo con fervor. 2. Escucha, Juan, lo que voy a decirte. 3. Todo el que reciba el misterio de la luz permanecerá en el lugar en que ha recibido el misterio. 4. Mas ninguno tendrá la facultad de elevarse a las regiones que están encima de él. 5. Y el que haya recibido el misterio en la primera disposición, tendrá la facultad de ir a los sitios que están bajo él, mas no a los que están encima. 6. Y el que haya recibido el misterio del primer misterio podrá ir a los lugares que están fuera del suyo, mas no a los que están sobre el suyo. 7. Y éstos serán los que hayan recibido los misterios superiores. 8. Y en verdad les digo que el hombre en la destrucción del mundo será rey sobre todos los órdenes de los pleromas, y aquel que recibirá el misterio del Inefable soy yo. 9. Él conoce el misterio en virtud del cual ha sido hecha la luz y han sido hechas las tinieblas. 10. Y Él conoce el misterio de la creación de las tinieblas de las tinieblas y de la luz de las luces. 11. Y conoce el misterio de la creación del caos y de la del tesoro de la luz. 12. Él conoce el misterio de la creación de la tierra de la luz. 13. Y conoce el misterio de la creación de los castigos reservados a los pecadores, y conoce el misterio de la regeneración del reino de la luz. 14. Y conoce el misterio de por qué los pecadores han sido creados y por qué han sido creados los dominios de la luz. 15. Y conoce el misterio de por qué han sido hechos los impíos y por qué han sido hechos los santos. 16. Y conoce el misterio de por qué se han hecho las penas para los malvados y por qué han sido hechas todas las emanaciones de la luz. 17. Y conoce el misterio de por qué ha sido hecho el pecado y de por qué han sido hechos los bautismos y los

misterios de la luz. 18. Y conoce el misterio de por qué han sido hechos los juegos del castigo y los chorros de la luz. 19. Y conoce el misterio de por qué ha sido hecha la cólera y de por qué ha sido hecha la paz. 20. Y por qué ha sido hecha la blasfemia y por qué han sido hechos los himnos de la luz. 21. Y conoce el misterio de por qué han sido hechas las similitudes de la luz. 22. Y conoce el misterio de por qué ha sido hecha la injuria y por qué ha sido hecha la bendición. 23. Y conoce el misterio de por qué ha sido hecha la maldad. 24. Y el misterio de por qué ha sido hecha la muerte y de por qué ha sido hecha la vivificación del alma. 25. Y conoce el misterio de por qué han sido hechos el adulterio y el engaño y de por qué ha sido hecha la pureza. 26. Y conoce el misterio por el que ha sido hecha la gratitud y por el que ha sido hecha la ingratitud. 27. Y conoce el misterio de por qué han sido hechos el orgullo y la soberbia y de por qué han sido hechas la humildad y la dulzura. 28. Y conoce el misterio de por qué ha sido hecho el llanto y por qué ha sido hecha la risa. 29. Y conoce el misterio de por qué ha sido hecha la maledicencia y por qué ha sido hecho el discurso provechoso. 30. Y conoce el misterio de por qué ha sido hecha la obediencia y por qué ha sido hecha la resistencia. 31. Y conoce el misterio de por qué ha sido hecha la murmuración y por qué han sido hechas la sencillez y la humildad. 32. Y conoce el misterio de por qué ha sido hecha la fuerza y de por qué ha sido hecha la debilidad. 33. Y conoce el misterio de por qué ha sido hecha la pobreza y de por qué ha sido hecha la opulencia. 34. Y conoce el misterio de por qué ha sido hecha la dominación y por qué ha sido hecha la esclavitud. 35. Y conoce el misterio de por qué ha sido hecha la muerte y de por qué ha sido hecha la vida".

XXXVI. Jesús sigue explicando a sus discípulos
los misterios del Inefable

1. Y cuando Jesús hubo dicho estas palabras a sus discípulos, ellos quedaron muy gozosos de lo que les había comunicado. 2. Y

Jesús siguió hablando, y les dijo: "Queridos discípulos míos, escuchen lo que les digo del conocimiento completo de los misterios del Inefable. 3. El misterio del Inefable conoce por qué ha sido hecha la severidad y por qué ha sido hecha la misericordia. 4. Conoce por qué han sido hechos los reptiles y por qué deben ser destruidos. 5. Y conoce por qué han sido hechos los animales y por qué deben ser destruidos. 6. Y conoce por qué han sido hechos los rebaños y por qué han sido hechos los pájaros. 7. Y conoce por qué han sido hechas las montañas y por qué lo han sido las piedras preciosas que hay en ellas. 8. Y conoce por qué ha sido hecha la materia del oro y por qué ha sido hecha la materia de la plata. 9. Y por qué ha sido hecha la materia del aire y por qué ha sido hecha la materia del hierro. 10. Y por qué ha sido hecha la materia del plomo y por qué ha sido hecha la materia del vidrio y por qué ha sido hecha la materia de la cera. 11. Y conoce por qué han sido hechas las plantas y por qué han sido hechas sus materias. 12. Y conoce por qué han sido hechas las aguas de la tierra y todas las cosas que en ellas hay. 13. Y por qué la tierra misma ha sido hecha. 14. Y por qué han sido hechos los mares y por qué han sido hechos los animales que habitan los mares. 15. Y conoce por qué ha sido hecha la materia del mundo y por qué debe ser destruida". 16. Y Jesús siguió hablando, y dijo a sus discípulos: "Compañeros, discípulos y hermanos míos. 17. Recójase cada uno en su espíritu, para que obedezcan mi palabra y recojan cuanto les voy a decir. 18. Porque a partir de ahora, continuaré hablándoles de todas las ciencias del Inefable. 19. Porque Él conoce el misterio de por qué ha sido hecho el oriente y por qué ha sido hecho el occidente. 20. Y conoce el misterio de por qué ha sido hecho el mediodía y por qué ha sido hecho el septentrión. 21. Y conoce el misterio de la creación de los demonios y de la creación del género de los hombres. 22. Y conoce el misterio de la creación del calor y de la creación de la brisa. 23. Y conoce el misterio de la creación de las estrellas y de la creación de las nubes. 24. Y conoce el misterio de por qué la tierra es profunda y de por qué las aguas vienen a su superficie. 25. Y conoce el misterio de por qué la tierra es árida y de por qué la lluvia cae sobre ella. 26. Y conoce el misterio de por qué ha sido hecha la sequía y por qué ha sido hecha la fertilidad. 27. Y conoce el misterio de por qué ha sido hecha la helada y por qué el rocío. 28. Y conoce el misterio de por qué ha sido hecho el polvo y de por qué ha sido hecho el frescor. 29. Y conoce el misterio de por qué ha sido hecho el granizo y de por qué ha sido hecha la nieve. 30. Y conoce el misterio de por qué se ha hecho la tempestad que se remonta y el viento que se calma. 31. Y conoce el misterio de por qué se ha hecho el ardor del calor y de por qué se han hecho las aguas. 32. Y conoce el misterio de la creación del viento del norte y del viento del sur. 33. Y conoce el misterio de la creación de las estrellas del cielo y de los astros, y de todas sus revoluciones. 34. Y conoce el misterio de la creación de los *archones* de las esferas, y de las esferas, y de todas sus regiones. 35. Y conoce el misterio de la creación de los *archones* de los eones y de la creación de los eones. 36. Y conoce el misterio de la creación de los *archones* que presiden los suplicios, y de la creación de los decanos. 37. Y conoce el misterio de los ángeles y de la creación de los arcángeles. 38. Y conoce el misterio de la creación de los señores y de la creación de los dioses. 39. Y conoce el misterio de la creación del odio y de la creación del amor. 40. Y conoce el misterio de la creación de la discordia y de la creación de la reconciliación. 41. Y conoce el misterio de por qué ha sido hecha la avaricia, y la renunciación a todo, y el amor. 42. Y conoce el misterio de por qué ha sido hecha la gula y de por qué ha s i d o hecha la saciedad. 43. Y conoce el misterio de por qué ha sido hecha la impiedad y por qué ha sido hecho el amor a Dios. 44. Y conoce el misterio de por qué han sido hechos los guardianes y por qué han sido hechos los salvadores. 45. Y conoce el misterio de por qué han sido hechas las tres potencias y por qué han sido hechos los invisibles. 46. Y conoce el misterio de por qué han sido hechos los antepasados y por qué han sido hechos los puros. 47. Y conoce el misterio de por qué han sido hechos los presuntuosos y por qué han sido hechos los fieles. 48. Y conoce el misterio de por qué ha sido hecho el gran triple poder y por qué ha sido hecho el gran antepasado de los invisibles. 49. Y conoce el misterio de por qué ha sido creado el decimotercero eón y por qué han sido creadas las regiones que pertenecen al medio. 50. Y conoce el misterio de por qué han sido hechos los ángeles del medio y las vírgenes de la luz. 51. Y conoce el misterio de por qué ha sido hecha la tierra de la luz y por qué ha sido creado el patrimonio de la luz. 52. Y conoce el misterio de por qué han sido creadas las regiones de los guardianes de los que están a la derecha y por qué han sido hechos sus jefes. 53. Y conoce el misterio de por qué han sido hechas las puertas de la vida y de por qué ha sido hecho Sabaoth el bueno. 54. Y conoce el misterio de por qué ha sido hecha la región de los que están a la derecha y de por qué ha sido hecha la tierra de luz, que es el tesoro de la luz. 55. Y conoce el misterio de por qué han sido hechas las emanaciones de la luz y por qué han sido hechos los doce salvadores. 56. Y conoce el misterio de por qué han sido hechas las tres puertas del tesoro de la luz y por qué han sido creados los nueve guardianes. 57. Y Él conoce también el misterio relativo al por qué han sido creados los salvadores *gerudos* y por qué han sido hechos los tres *amén*. 58. Y conoce el misterio de cómo han sido hechos los cinco árboles, y cómo han sido hechos los siete *amén*. 59. Y conoce el misterio de cómo ha sido hecha la mezcla que no existía, y de cómo ha sido purificada".

XXXVII. Jesús contesta a una nueva observación de María Magdalena

1. Y dijo luego Jesús: "Esfuércense todos ustedes en comprender. 2. Y procuren tener en su interior la fuerza de luz precisa para someterse. 3. Porque desde ahora les hablaré de las regiones que habita la verdad del Inefable y de cómo son esos parajes". 4. Y al oír los discípulos estas palabras, quedaron silenciosos. 5. Y María Magdalena se adelantó y se prosternó a los pies de Jesús. 6. Y los adoró, llorando, y dijo: "Ten piedad de mí, Señor. 7. Porque mis hermanos se han conturbado cuando has dicho que les ibas a dar conocimiento del misterio del Inefable, y por eso han guardado

silencio". 8. Y Jesús tranquilizó a sus discípulos. 9. Y les dijo: "No teman no poder comprender los misterios del Inefable. 10. Porque les digo en verdad que este misterio está en ustedes y en todo el que los obedezca. 11. Y en verdad les digo que, para todo el que se consagre a Dios y renuncie al mundo y a lo que en él se halla, este misterio es más sencillo que todos los misterios del reino de la luz, y más fácil de comprender que cualquiera de ellos. 12. Porque aquel que renuncie a este mundo y a sus afanes entrará en conocimiento de este misterio. 13. Y por eso les he dicho: Y quienquiera que sufra bajo las fatigas del mundo y trabaje bajo su peso que venga a mí y yo le daré el reposo. 14. Porque mi fardo es ligero y mi yugo suave. 15. No piensen, pues, que no habrán de comprender este misterio. 16. Porque en verdad les digo que la comprensión de este misterio es más sencilla que la comprensión de los otros misterios. 17. Y les digo que en verdad este misterio está en ustedes y en cuantos renuncien al mundo y a lo que en él se encierra. 18. Escúchenme, pues, discípulos, amigos y hermanos. 19. Porque los voy a conducir al conocimiento del misterio del Inefable. 20. Puesto que yo he venido para traerles el conocimiento completo de la emanación del universo. 21. Porque la emanación del universo es el conocimiento de este misterio. 22. Y cuando el número total de las almas justas se complete y el misterio se cumpla, yo pasaré mil años, según el cómputo de los años de la luz, reinando sobre los *próbolos* de la luz, y sobre el conjunto de las almas de los justos que hayan recibido todos los misterios".

XXXVIII. Jesús explica a sus discípulos el signo de los años de luz

1. Y cuando Jesús hubo acabado de decir estas frases a sus discípulos, María Magdalena se adelantó. 2. Y dijo: "Señor, ¿cuántos años terrestres comprende un año de luz?" 3. Y Jesús contestó y dijo a María: "Los días de la luz son mil años del mundo de los hombres. 4. Y treinta y seis miríadas y media de años terrestres

son un año de luz. 5. Y yo reinaré durante mil años de luz como rey en el último misterio. 6. Y seré rey sobre todos los *próbolos* de la luz y sobre todas las almas justas que hayan recibido los misterios de la luz. 7. Y ustedes, discípulos míos, así como cuantos hayan recibido el misterio del Inefable, estarán a mi izquierda y a mi derecha. 8. Y serán reyes, en mi reino, y cuantos hayan recibido los tres misterios de los cinco misterios del Inefable serán reyes con ustedes en el reino de la luz. 9. Y los que hayan recibido los misterios brillantes serán reyes en las regiones brillantes. 10. Y los que hayan recibido los misterios inferiores serán reyes en las regiones inferiores. 11. Y todos, según la categoría del misterio que hayan recibido".

XXXIX. Jesús explica a su auditorio el modo de alcanzar los misterios de la luz

1. Jesús prosiguió hablando. 2. Y dijo a sus discípulos: "Cuando yo venga en la luz para predicar a todo el mundo, díganles: No dejen noche ni día de buscar hasta que hayan encontrado los misterios del reino de la luz. 3. Porque ellos los purificarán y los llevarán al reino de la luz. 4. Y díganles: renuncien al mundo y a cuanto hay en él. 5. Y a todas sus sevicias, y a todos sus pecados, y a todas sus gulas. 6. Y a sus discursos todos, y a cuanto hay en él, para que sean dignos de los misterios de la luz. 7. Y para que sean preservados de los suplicios reservados a aquellos que se han separado de los buenos. 8. Y díganles: Renuncien a la murmuración, para que sean preservados del ardor de la boca del can. 9. Y díganles: Renuncien a la obediencia, para que sean librados del ardor de la boca del can. 10. Díganles: Renuncien al juramento, para que sean dignos de los misterios de la luz. 11. Y para que sean librados de los suplicios de Ariel. 12. Díganles: Renuncien a la lengua embustera, para que sean dignos de los misterios de la luz. 13. Y para que sean preservados de los ríos ardientes de la boca del can. 14. Díganles también: Renuncien a los falsos testigos, para que sean dignos de los misterios de la luz.

15. Y para que sean librados y preservados de los ríos ardientes de la boca del can. 16. Díganles: Renuncien al orgullo y a la vanidad, para que sean dignos de los misterios de la luz. 17. Y para que sean preservados de los abismos de fuego de Ariel. 18. Y díganles: Renuncien al amor propio, para que sean dignos de los misterios de la luz. 19. Y para que sean salvados de los suplicios del infierno. 20. Renuncien a la elocuencia, para que sean dignos de la luz. 21. Y para que sean preservados de las llamas del infierno. 22. Renuncien a los malos pensamientos, para que sean dignos de los misterios de la luz. 23. Y para que se les preserve de los tormentos del infierno. 24. Renuncien a la avaricia, para que sean dignos de los misterios de la luz. 25. Y para que se les libre de los arroyos de humo de la boca del can. 26. Renuncien al amor del mundo, para que sean dignos de los misterios de la luz. 27. Y para que sean salvados de las vestes de pez y de las llamas de la boca del can. 28. Renuncien a las rapiñas, para que sean dignos de los misterios de la luz. 29. Y para que sean preservados de los arroyos de Ariel. 30. Renuncien a las malas palabras, para que sean dignos de los misterios de la luz. 31. Y para que sean salvados de los suplicios del río de humo. 32. Renuncien al engaño, para que sean dignos de los misterios de la luz. 33. Y para que sean preservados de los mares de fuego de Ariel.

XL. Jesús continúa predicando a sus discípulos

1. Renuncien a la crueldad, para que sean dignos del misterio de la luz. 2. Y para que sean preservados de los suplicios de las fauces de los dragones. 3. Renuncien a la cólera, para que sean dignos de los misterios de la luz. 4. Y para que sean librados de los ríos de humo de las fauces de los dragones. 5. Renuncien a la desobediencia, para que sean dignos de los misterios de la luz. 6. Y para que sean preservados de Jaldabaóth y de los ardores del mar de fuego. 7. Renuncien a la cólera, para que sean dignos del misterio de la luz. 8. Y para que sean preservados de los demonios de Jaldabaóth y de todos sus suplicios. 9. Renuncien al adulterio,

para que sean dignos del misterio de la luz. 10. Y para que sean preservados del mar de azufre y de las fauces de león. 11. Renuncien a los homicidios, para que sean dignos de los misterios de la luz. 12. Y para que sean preservados del *archón* de los cocodrilos, que es la primera de las criaturas que están en las tinieblas exteriores. 13. Renuncien a las obras perversas e impías, para que sean dignos del misterio de la luz. 14. Y para que sean preservados de los *archones* de las tinieblas exteriores. 15. Renuncien a la impiedad, para que sean dignos de los misterios de la luz. 16. Y para que sean preservados del llanto y del rechinar de dientes. 17. Renuncien a los envenenamientos, para que sean dignos de los misterios de la luz. 18. Y para que sean salvados de la gran helada y el granizo de las tinieblas exteriores. 19. Renuncien a las blasfemias, para que sean dignos de los misterios de la luz. 20. Y para que sean defendidos contra el gran dragón de las tinieblas exteriores. 21. Renuncien a las malas doctrinas, para que sean dignos de los misterios de la luz. 22. Y para que sean preservados de todos los suplicios del gran dragón de las tinieblas exteriores. 23. Y digan a quienes predican y a quienes escuchan malas doctrinas: ¡Malhaya ustedes! 24. Porque si no se arrepienten de su malicia, caerán en los rigurosísimos tormentos del gran dragón y de las tinieblas exteriores. 25. Y nada en el mundo los rescatará hasta la eternidad. 26. Sino que serán sin existencia hasta el fin. 27. Y digan a quienes descuidan la doctrina de la verdad del primer misterio: ¡Malhaya ustedes! 28. Porque los suplicios que habrán de experimentar superarán a los que experimenten los demás hombres. 29. Y permanecerán entre la nieve, en medio de los dragones, en las tinieblas exteriores. 30. Y nada podrá rescatarlos hasta la eternidad. 31. Y díganles: Amen a todos los hombres. 32. Para que sean dignos del misterio de la luz y para que se eleven en el reino de la luz. 33. Sean dulces, para que puedan recibir el misterio de la luz y elevarse al misterio de la luz. 34. Asistan a los pobres y a los enfermos, para que los hagan dignos de recibir el misterio de la luz y se puedan elevar al reino de la luz. 35. Amen a Dios, para recibir el misterio de la luz y llegar al reino de la luz. 36. Sean caritativos, para que reciban el misterio y lleguen al

reino de la luz. 37. Sean santos, para recibir el misterio de la luz
y puedan elevarse al reino de la luz. 38. Renuncien a todo, para
ser dignos del misterio de la luz y puedan elevarse al reino de la
luz. 39. Porque éstas son las vías de los que se hacen dignos del
misterio de la luz. 40. Y cuando hallen hombres que renuncien a
cuanto constituye el mal y practiquen lo que yo digo, transmí-
tanles los misterios de la luz, sin ocultarles nada. 41. Y cuando
sean pecadores, y cometan los pecados y faltas que les he enu-
merado, denles también los misterios, para que se conviertan y
hagan penitencia, y no les ocultan nada. 42. Porque yo he traído
los misterios a este mundo para remitir cuantos pecados han sido
cometidos desde el principio. 44. Y por eso les he dicho que no
he venido para llamar a los justos. 45. Yo he traído los misterios
para remitir los pecados de todos, y para que todos sean llevados
al reino de la luz. 46. Porque estos misterios son un don del primer misterio para borrar los pecados de todos los pecadores".

XLI. Palabras de Jesús sobre el perdón de los pecados

1. Y cuando Jesús hubo dicho estas palabras a sus discípulos,
María le preguntó: "Mi Señor y Salvador, ¿los hombres justos de
toda justicia, y en quienes no hay ningún pecado, sufrirán o no
los suplicios de que nos hablaste? 2. ¿Será este hombre admitido,
o no, en el reino de los cielos?" 3. Y el Salvador contestó a María:
"El hombre justo, del todo perfecto, limpio de pecado, y que no
haya recibido ningún misterio de la luz, cuando llegue su hora y
salga del mundo, será puesto en poder de los satélites de una
gran triple potencia. 4. Y se apoderarán de su alma, y durante
tres días recorrerán con ella el mundo, y el tercero la llevarán al
caos, para conducirla al lugar de todos los suplicios". 5. Y Juan se
adelantó y dijo: "Señor, si un consumado pecador renuncia a
todo por el reino de los cielos, y renuncia a todo pecado, y sabemos que ama a Dios, y le damos los misterios, y recae en sus
pecados, y vuelve a hacer penitencia, ¿es tu voluntad que le
remitamos siete veces sus faltas y le demos siete veces los miste-

rios del primer orden?" 6. Y el Señor contestó a Juan: "En verdad les digo que no siete veces, sino que le remitan sus pecados muchas veces siete veces, dándole todas ellas los misterios desde el comienzo hasta lo extremo de lo exterior. 7. Porque así podrán ganar el alma de nuestro hermano y darle posesión del reino de la luz. 8. Y cuando me han interrogado diciendo si pueden perdonar los pecados hasta siete veces, yo les he respondido en parábola. 9. Y les he dicho. Perdónenle los pecados no siete veces, sino setenta y siete veces. 10. Perdónenle, pues, muchas veces, para que reciba otras tantas los misterios y pueda salvarse el alma de ese hermano. 11. Porque en verdad les digo que el que haya vivificado un alma la conservará para su luz en el reino de la luz. 12. Y recibirá más gloria por el alma que haya salvado, y quien haya salvado muchas almas haciéndoles entrar en la gloria de su gloria tendrá tanta más gloria cuantas más almas haya salvado". 13. Y cuando el Salvador habló así, Juan le preguntó: "Y si mi hermano, que es un gran pecador, renuncia al mundo y a sus vanidades, ¿cómo sabremos que no es hipócrita? 14. ¿Y cómo sabremos que es sincero para conocer si le podemos dar los misterios de segunda y tercera categoría, y si podemos darle todos los misterios para que participe del reino de la luz?" 15. Y el Salvador contestó a Juan, rodeado de todos sus discípulos. 16. Y le dijo: "Si conocen de un modo seguro que ese hombre ha renunciado al mundo y a sus pecados, y que no es mentiroso ni hipócrita, y que ama sinceramente a Dios, no le oculten los misterios y háganlo conocer los de segundo y tercer grado.17. Háganlo participar de los misterios de que lo crean digno, y cuando le hayan comunicado los misterios del grado tercero y segundo, si recae en el pecado, no continúen comunicándoselos. 18. Porque les digo en verdad que el hombre que haya recibido estos misterios y peque sufrirá una sanción rigurosa. 19. Porque será objeto de escándalo y no habrá para él desde entonces redención de su alma en este mundo. 20. Sino que su morada estará en la puerta de los dragones, en las tinieblas exteriores, allí donde es el llorar y el rechinar de dientes. 21. Y en la destrucción del mundo, su alma será atormentada por un hielo frigidísimo y un ardor cruel.

22. Y permanecerá sin existencia hasta la eternidad. 23. Mas si este hombre se convierte de nuevo y renuncia al mundo y a sus pecados, y tiene gran arrepentimiento y penitencia, la misericordia se tenderá sobre él. 24. Y su penitencia le será admitida en remisión de sus pecados. 25. Para que consiga el misterio del primer misterio y hasta el misterio del Inefable. 26. Y verá sus pecados remitidos, porque estos misterios son piadosos y perdonan el pecado en toda hora".

XLII. Jesús expone a sus discípulos el modo
de comunicar los misterios y de retirar
su conocimiento a los que de ellos no son dignos

1. Y Juan, cuando hubo hablado así el Salvador, continuó interrogándolo. 2. Y le dijo: "Señor, no te incomodes contra mí por mi celo. 3. Mas yo quiero saber cómo hemos de obrar con los hombres de este mundo". 4. Y el Salvador repuso a Juan: "Pregunta lo que quieras, y yo te contestaré claramente y sin parábolas". 5. Y dijo Juan: "Cuando entremos en una ciudad o aldea para predicar y sus vecinos vengan a nosotros, nosotros no sabremos si vienen con falacia o hipocresía. 6. Y si nos llevan a sus casas y desean recibir a Dios y conocer sus misterios, ¿qué haremos si averiguamos que no han hecho nada digno de los misterios, o que se comportan pérfidamente con nosotros?" 7. Y el Salvador dijo contestando a Juan: "Si entran en una ciudad o en una aldea, y los conducen a alguna casa, revélenles los misterios. 8. Y si son dignos de ellos, ganarán sus almas para el reino de la luz. 9. Y si no lo son, u obrasen pérfidamente con ustedes, eleven la voz hacia el primer misterio. 10. Y digan: Nosotros hemos revelado el misterio a almas impías y pérfidas. 11. Vuelve el misterio a nosotros, y prívalas hasta la eternidad del misterio de tu reino. 12. Y sacudan el polvo de sus pies, y digan: Que sus almas se sumerjan en el polvo de su casa. 13. Y les digo en verdad que los misterios que les hubieran dado volverán a ustedes. 14. Y cuantos misterios y palabras les comunicaron antes les serán quitados.

15. Porque ya les hablé en parábola de hombres así. 16. Cuando les dije: Dondequiera que vayan y se les reciba, digan: La paz sea con ustedes. 17. Y si ellos son dignos de la paz, la paz será con ellos y, si no, volverá sobre ustedes. 18. Y si les dicen los misterios del reino de la luz y ellos obrasen falsamente con ustedes, efectúen el primer misterio del primer misterio, y los misterios que les hubiesen transmitido volverán a ustedes. 19. Y ellos quedarán privados del tesoro de la luz hasta la eternidad. 20. Y les digo en verdad que su morada será en la puerta de los dragones de las tinieblas externas. 21. Mas si hacen penitencia, y renuncian al mundo, y a su materia, y a sus pecados, y se someten a los misterios de la luz, sus pecados les serán remitidos. 22. Porque los oirá el misterio único del Inefable, que tiene piedad de todos y perdona los pecados de todos".

XLIII. Jesús contesta a las preguntas de sus discípulos
sobre la distinción entre justos y pecadores

1. Y cuando Jesús acabó de decir estas frases a sus discípulos, María se prosternó a los pies de Jesús. 2. Y los abrazó y le dijo: "Señor, perdóname y no te irrites si te incomodo". 3. Y el Salvador contestó a María: "Pregunta lo que quieras preguntar. 4. Porque yo te lo revelaré claramente". 5. Y María dijo: "Señor: si un hermano es santo y bueno y ha recibido todos los misterios, y tiene un hermano pecador e impío, y éste sale del mundo y el hermano bueno se aflige de que su hermano esté en el lugar de los tormentos y los suplicios, ¿qué haremos, Señor, hasta que sea retirado del lugar de las torturas?" 6. Y el Salvador dijo: "Ya les he hablado de lo que deben hacer. 7. Mas escuchen y se los diré de nuevo, para que sean perfectos en todos los misterios y los hombres los llamen perfectos en todo. 8. Cuando quieran que un hombre, pecador o no, salga de los suplicios terribles, y que sea transportado a un cuerpo justo para que reciba el misterio de la divinidad y se eleve a las regiones superiores para participar en el reino de la luz, practiquen el tercer misterio del Inefable. 9. Y

digan: Toma el alma de ese hombre en el que nuestro espíritu piensa. 10. Y sácala de los suplicios de los *archones* y elévala con presteza al templo de la luz. 11. Y en el templo de la luz, márcala de un sello brillante y ponla en un cuerpo justo y bueno, para que se eleve a las regiones superiores y participe del reino de la luz. 12. Y les digo en verdad que, cuando así hayan dicho, los espíritus que presiden los suplicios en las regiones de los *archones* se contendrán. 13. Y transmitirán su alma al templo de la luz para que sea marcada con los signos del reino del Inefable. 14. Y la entregarán a sus satélites, y la conducirán al cuerpo de un justo. 15. Y hallará los misterios de la luz, para que sea buena, y se eleve a las regiones superiores y participe del reino de la luz. 16. Y ésta es la contestación a lo que me han preguntado".

XLIV. Jesús promete a todos los hombres
la resurrección de entre los muertos

1. Y María contestó al Salvador, y le dijo: "Señor, tú no has traído los misterios a este mundo para que el hombre no sufriese la muerte que le tienen predestinada los *archones* de la Heimarméné. 2. Porque si un hombre ha sido destinado a morir por el hierro, o en el agua, o por las calamidades del mundo, o de cualquier forma violenta, tú no has traído los misterios para evitar que el hombre muera así, sino de una muerte súbita, sin el dolor de su género de muerte. 3. Puesto que muchos nos perseguirán por ser tus discípulos y nos atormentarán por ti. 4. Y, si nos maltratan y afligen, ¿hemos de ejercer los misterios para salir de nuestro cuerpo sin experimentar ningún dolor?" 5. Y el Salvador, en respuesta, dijo a todos sus discípulos: "Ya les he hablado antes de esto que me preguntan, mas se los diré otra vez. 6. No sólo ustedes, mas todo hombre que cumpla el primer misterio del primer misterio del Inefable, recorrerá todas las regiones y todas sus estaciones. 7. Y cuando haya cumplido ese misterio y recorrido todas las regiones, será preservado de todas las cosas que le hayan destinado los *archones* de la Heimarméné. 8. Y saldrá del

cuerpo de la materia de los *archones* y todas las regiones de la luz, hasta que llegue a las regiones del reino de Ía luz. 12. Sino por todas estas cosas, para que cuando lleguemos a las tierras de los hombres y no tengan fe en nosotros, y no escuchen nuestras palabras, practiquemos el misterio para que ellos conozcan la verdad y sepan las palabras del universo". 13. Y el Salvador contestó a María entre sus discípulos: "Ya les he hablado sobre todas las cosas que me preguntan. 14. Mas yo les repetiré mis palabras. 15. Escucha, María, te digo en verdad que no sólo ustedes, sino todos los hombres pueden cumplir el misterio de la resurrección de entre los muertos. 16. Para curarse de la posesión de los demonios y de toda aflicción y enfermedad. 17. Y para curar a los cojos, y a los mutilados, y a los mudos, y a los paralíticos. 18. Porque les he dicho antes que era preciso practicar el misterio para poder cumplir estas cosas. 19. Y ustedes obtendrán la pobreza y la opulencia, la salud y la enfermedad, la debilidad o el vigor, si la piden. 20. E igualmente podrán sanar a los enfermos y resucitar a los muertos, y curar a los cojos y ciegos y mudos, y toda enfermedad o aflicción. 21. Porque a quien haya ejercido el misterio todas las cosas le serán concedidas".

XLV. Jesús sigue instruyendo a sus discípulos

1. Y cuando el Salvador hubo dicho estas cosas, todos los discípulos lanzaron gritos, diciendo: "Señor, tú nos has herido de locura con las cosas que nos has dicho. 2. Y nuestras almas quieren salir de nosotros para ir a ti, ya que nosotros venimos de ti. 3. Nuestras almas han quedado como sin sentido por las cosas que nos has dicho. 4. Y nos atormentan grandemente, porque quieren salir de nosotros para ir a las regiones superiores que son tu reino". 5. Y cuando los discípulos hablaron así, el Salvador prosiguió dirigiéndose a ellos y les dijo: "Cuando lleguen a ciudades o países, saluden a los habitantes. 6. Y díganles así: Busquen siempre sin cesar, hasta que hallen los misterios de la luz, que los conducirán al reino de la luz. 7. Y díganles: Guárdense

de las doctrinas oscuras. 8. Porque muchos irán en mi nombre diciendo: yo soy y no soy, y así engañarán a muchos hombres. 9. Y para que todos los hombres que se lleguen a ustedes tengan fe y sean dignos del misterio de la luz, denles los misterios de la luz. 10. Y no les oculten nada, y al que sea digno del misterio máximo, dénselo, y al que sea digno del misterio menor, dénselo también. 11. Mas el misterio de la resurrección de los muertos y de la curación de los enfermos, no se los den a todos. 12. Sino den la doctrina, porque ese misterio pertenece a los *archones* 13. No lo den, pues, a todos, hasta que hayan consolidado la fe en todo el mundo. 14. Para que cuando lleguen a una ciudad y no tengan fe en ustedes, resuciten a los muertos y curen a los ciegos y a los cojos, y todas las enfermedades, para que crean en ustedes cuando prediquen al Dios del Universo. 15. Y por eso les he dado ese misterio, hasta que consoliden la fe en todo el mundo".

XLVI. Jesús describe a sus discípulos las tinieblas exteriores

1. Y María siguió hablando a Jesús. 2. Y le dijo: "Señor, ¿cómo son las tinieblas exteriores? 3. ¿Y cuántos son los lugares de tormento que contienen?" 4. Y Jesús contestó: "Las tinieblas exteriores son un gran dragón. 5. Y su cola está dentro de su garganta, y está fuera del mundo, y lo rodea. 6. Y contiene gran número de lugares de tortura, que están comprendidos en doce divisiones, consagradas a terribles suplicios. 7. Y cada una de esas divisiones es un *archón*, y las figuras de estos *archones* son distintas, y se transforman adoptando diversas figuras. 8. Y el primer *archón* preside la primera división y tiene forma de cocodrilo. 9. Y su cola entra en su garganta, y de su boca salen el hielo, la peste, el frío de la fiebre y toda clase de enfermedades. 10. Y el verdadero nombre que tiene en el lugar que habita es *Enchtonin*. 11. Y el *archón* de la segunda división tiene forma de perro y se llama en el sitio que habita *Xhurakhar*. 12. Y el *archón* de la tercera división tiene forma de gato y se llama en el sitio que habita *Arkharôth*. 13. Y el *archón* de la cuarta división tiene aspecto de ser-

piente y se llama en donde reside *Akrôkar*. 14. Y el *archón* de la quinta división tiene forma de un ternero negro y se llama *Markhour*. 15. Y el de la sexta división se llama *Lamkhamôr*. 16. Y el *archón* de la séptima división tiene figura de oso, y se llama *Lokhar*. 17. Y el de la octava división tiene forma de murciélago y se llama *Lavaokh*. 18. Y el *archón* de la novena división tiene figura de basilisco y se denomina *Arkheôkh*. 19. Y en la décima división hay gran número de dragones, que tiene cada uno siete cabezas, y su jefe se llama *Xarnarôkh*. 20. Y en la oncena división hay también muchos dragones, que tienen cada uno siete cabezas de gato, y su jefe es uno aque se llama *Rokhar*. 21. Y en la duodécima división hay muchos más *archones* que en las otras, y cada uno tiene siete cabezas de perro. Y su jefe se llama *Khrêmaôr*. 22. Y éstos son los *archones* de las doce divisiones que hay en el gran dragón, que constituye las tinieblas exteriores. 23. Y cada uno cambia de nombre y de figura de hora en hora. 24. Y cada división tiene una puerta, que se abre hacia arriba, y el dragón de las doce tinieblas exteriores, que se compone de doce divisiones, se convierte en rey de cada una, cada vez que se abre hacia arriba. 25. Y un ángel de las regiones superiores vigila sobre la puerta de cada una de estas doce divisiones. 26. Y ha sido colocado allí por el eón el primer hombre, el guardián de la luz, para que el dragón y todos los *archones* permanezcan en los lugares que les han sido asignados".

XLVII. Jesús explica a sus discípulos los tormentos
del gran dragón de las tinieblas exteriores

1. Y cuando el Salvador hubo hablado así, María Magdalena le dijo: "Señor, ¿las almas conducidas a esos lugares han de pasar por esas doce puertas para sufrir los tormentos que merecen?" 2. Y el Salvador contestó a María: "Ningún alma es conducida hacia el dragón por esas puertas, no siendo las almas de los blasfemos y de los que siguen una doctrina falsa. 3. Y de los que enseñan a mentir, y las de los que pecan contra natura, y las de los hombres

manchados de vicios y enemigos de Dios. 4. Y las de todos los impíos, adúlteros y envenenadores. 5. Porque todas las almas de esos pecadores, si no han hecho penitencia en este mundo, y han persistido en su pecado, cuando se cumpla su hora, serán conducidas por la puerta de la cola del dragón a las tinieblas exteriores. 6. Y cuando hayan sido llevadas a las tinieblas exteriores por la puerta de su cola, colocará la cola en su boca, para cerrar la puerta. 7. Y de este modo serán llevadas las almas a las tinieblas exteriores. 8. Y los doce nombres del dragón están escritos en las puertas de las distintas divisiones. 9. Y estos nombres son diferentes, y alternan entre ellos para que quien diga un nombre diga los doce. 10. Y éstas son las tinieblas exteriores, que son las mismas que las del dragón". 11. Y cuando el Salvador hubo hablado, María le replicó: "Señor, ¿son más terribles los tormentos del dragón que todos los demás que existen?" 12. Y el Salvador contestó a María: "Esos tormentos son los mayores que existen. 13. Mas las almas que vayan a esos lugares serán atormentadas también por un frío riguroso y un fuego violentísimo". 14. Y dijo María: "¡Desventuradas almas de los pecadores! 15. Mas dinos, Señor, ¿qué fuego es más violento, el del infierno o el del mundo?" 16. Y el Salvador contestó a María: "En verdad te digo que el fuego del infierno es nueve veces más ardiente que el fuego del mundo. 17. Y el fuego de los suplicios del gran caos es nueve veces más ardiente que el del infierno. 18. Y el fuego del tormento de los *archones* en el camino del medio es nueve veces más ardiente que el de los suplicios del gran caos. 19. Y el fuego del dragón de las tinieblas exteriores y de los lugares de castigo que hay en él es siete veces más terrible que el fuego de los tormentos de los *archones* del medio".

XLVIII. Diálogo entre María y Salomé

1. Y luego que el Salvador hubo dicho esto a María, ella se hirió el pecho y lloró. 2. Y lloraron también todos los discípulos y decían: "¡Desgraciados los pecadores! 3. Porque su castigo es muy

grande". 4. Y Salomé se levantó y dijo: "Señor, tú nos has dicho: Quien no deje a su padre y a su madre para seguirme no es digno de mí. 5. Y nos has dicho después: Abandonen a sus padres para que yo les haga hijos del primer misterio hasta la eternidad. 6. Mas, Señor, está escrito en la ley de Moisés que el que abandone a sus padres debe morir. 7. ¿Es, pues, contrario a la ley lo que tú nos enseñas?" 8. Y cuando Salomé hubo dicho estas palabras, María Magdalena, inspirada por la fuerza de luz que había en ella, dijo al Salvador: 9. "Señor, permíteme que hable a mi hermana Salomé para explicarle tus palabras". 10. Y el Salvador contestó a María: "Yo te permito, María, explicar mis palabras a Salomé". 11. Y cuando el Salvador habló así, María fue hacía Salomé. 12. Y le dijo: "Hermana Salomé, tú has citado la ley de Moisés, que dice que debe morir quien abandona a sus padres. 13. Mas la ley se refiere a los cuerpos y no al alma. 14. Y la ley no se refiere a los hijos de los *archones*, sino que lo dice de la fuerza salida del Salvador y que está hoy en nosotros. 15. Y dice la ley: Quien esté fuera del Salvador y de sus misterios morirá de muerte y perecerá en su maldad". 16. Y cuando María habló así, Salomé se volvió a María. 17. Y dijo Salomé: "La potencia del Salvador basta para igualarme a ti en inteligencia". 18. Y ocurrió que cuando el Salvador oyó las palabras de María la felicitó grandemente.

XLIX. Jesús habla a sus discípulos sobre el modo de elegir entre las doctrinas verdaderas y las falsas

1. Y el Salvador siguió hablando entre sus discípulos. 2. Y dijo a María: "Escucha, María, cuál es el estado del hombre hasta que comete un pecado. 3. Los *archones* de las potencias perversas combaten contra el alma constantemente. 4. Y la hacen cometer todos los pecados. 5. Y llaman al enemigo del alma y le dicen: Si el alma sale otra vez del cuerpo, no la perdones. 6. Mas condúcela a todos los lugares de tortura, pues que ha incurrido en todos los pecados que tú la has hecho cometer". 7. Y cuando Jesús habló así, María le dijo: "Señor, ¿cómo sabrán los hombres que bus-

can la luz si las doctrinas que encuentran son engañadoras o no?" 8. Y contestó el Salvador: "Ya se los he dicho. 9. Sean como buenos cambiantes. Acepten la buena moneda y rechacen la falsa. 10. Y digan a los hombres que buscan a Dios: Si sopla el aquilón, ya saben que es frío lo que se sentirá. 11. Y si sopla el viento oeste, ya saben que vendrán el calor y la sequía. 12. Digan, pues, a esos hombres justos: Si conocen los signos de los vientos, conocerán también si las palabras que hallen buscando a Dios concuerdan y armonizan con las que yo les he dicho, desde los dos martirios al tercer testimonio. 13. Y las que concuerden en la constitución del cielo, y del aire, y de la tierra, y de los astros. 14. Y en todas las cosas que la tierra contiene, y en las aguas, y en las cosas que contienen las aguas. 15. Y en la constitución de los cielos, y de los astros, y de los círculos, y de cuanto se encierra en el mundo. 16. Y los que vengan hacia sus palabras verán que concuerdan con cuantas les he dicho. 17. Y yo recibiré a los que nos pertenecen. 18. Y esto es lo que dirán a los hombres para que se defiendan de las falsas doctrinas. 19. Porque yo he venido al mundo para redimir a los pecadores de sus pecados. 20. Y no por los hombres que no han hecho mal ni pecado ninguno. 21. Y que encontrarán los misterios que yo he querido que fuesen consignados en el libro de Jeû. 22. Para que Enoch escribiese en el paraíso, cuando yo le hablaba del árbol de la ciencia y del árbol de la vida. 23. Y he querido que él los pusiese en la piedra de Ararad. 24. Y he puesto el *archón* Calapaturoth que está sobre el Skemmuth, donde está el pie de Jeû. 25. Y rodea todos los *archones* y las Heimarménés. 26. Y he puesto a este *archón* para que guarde los libros de Jeû, para impedir que nadie los destruya. 27. Y para que ninguno de los *archones* envidiosos destruya los que yo les daré y en los que les diré la emanación del universo".

L. María interroga a Jesús sobre el destino de las almas antes de venir él al mundo

1. Cuando el Salvador hubo hablado así, María le preguntó: 2. "Se-

ñor, ¿qué hombre hay en el mundo que esté limpio de todo pecado? 3. Porque si ha evitado una falta, caerá en otra, y no podrá
encontrar los misterios en el libro de Jeû. 4. Y no habrá en el
mundo hombre del todo exento de pecado". 5. Y el Salvador
contestó a María: "Encontrarán uno entre mil, y dos entre diez
mil, por la consumación del misterio del primer misterio. 6. Y por
esto yo he traído los misterios, porque todos en el mundo están
bajo el pecado y necesitan del don de los misterios". 7. Y María
dijo al Salvador: "Señor, ¿antes que tú vinieses a la región de los
archones y al mundo, no había llegado ningún alma a la luz?" 8. Y
el Salvador contestó a María: "En verdad, en verdad les digo que
antes que yo viniese ningún alma había llegado a la luz. 9. Y ahora que yo he venido, he abierto los caminos de la luz, y los que
sean dignos de los misterios recibirán el misterio para llegar a la
luz". 10. Y María dijo: "Señor, yo creía que los profetas habían
alcanzado la luz". 11. Y el Señor respondió a María: "En verdad,
en verdad te digo que ninguno de los profetas ha llegado a la luz.
12. Sino que los *archones* de los eones les han hablado desde el
círculo de los eones, y les han dado los misterios de los eones. 13. Y
cuando he venido a las regiones de los eones, he tomado a Elías
y lo he enviado al cuerpo de Juan el Bautista. 14. Y he enviado
a otros a cuerpos justos, para que encuentren los misterios de la
luz, y se eleven a las regiones superiores y entren en posesión del
reino de la luz. 15. Y he remitido a Abraham, y a Isaac, y a Jacob,
todas sus faltas. 16. Y les he dado los misterios de la luz en el círculo de los eones. 17. Y los he puesto en las regiones de Jabraoth y
de todos los *archones* que pertenecen al medio. 18. Y cuando me
eleve, recogeré sus almas y las llevaré conmigo a la luz. 19. Porque en verdad te digo, María, que ningún alma entrará en la luz
antes que la tuya y la de tus hermanos. 20. Y los demás mártires
y justos, desde Adán hasta ahora. 21. Y cuando yo vaya a las
regiones de los eones, las colocaré en los cuerpos de los justos por
nacer. 22. Para que encuentren todos los misterios de la luz y
entren en posesión del reino de la luz". 23. Y dijo María: "Nosotros somos dichosos entre todos los hombres por las grandes
cosas que nos has revelado". 24. Y el Salvador dijo a María y a

todos sus discípulos: "Yo les revelaré todos los secretos, desde lo profundo de las cosas interiores hasta lo más exterior de las cosas exteriores". 25. Y María dijo al Salvador: "Señor, nosotros creemos sinceramente que tú has traído las llaves de todos los misterios del reino de la luz, que remiten los pecados de las almas. 26. Para que las almas se purifiquen y, al hacerse dignas de la luz, sean llevadas a la luz".

LI. Invocaciones de Jesús y su elevación en el espacio

1. Cuando Nuestro Señor fue crucificado, resucitó de entre los muertos al tercer día. 2. Y sus discípulos, reunidos en torno suyo, clamaban a él. 3. Y le decían: "Señor, ten piedad de nosotros, que hemos abandonado a nuestros padres y renunciado al mundo, para seguirte". 4. Y Jesús, sentado con sus discípulos junto al mar Océano, elevó una plegaria. 5. Y dijo: "Escúchame, Padre mío, de toda paternidad y de la infinita luz: 6. *Aeion, ao, aoi, ôia- prinother, thernops, nopsither, zagoyrê, zagoyrê, nethmomaoth, nepriomaoth, marachachta, thobarrabai, thamachachan, zorokothova, Jean, sabaoth*". 7. Y cuando Jesús decía estas palabras, Tomás, Andrés, Jacobo y Simeón el cananeo estaban a occidente, con los rostros vueltos hacia oriente. 8. Y Felipe y Bartolomé estaban al sur, con los rostros vueltos hacia el septentrión. 9. Y los otros discípulos y las mujeres estaban detrás de Jesús. 10. Y Jesús estaba en pie junto al altar. 11. Y todos sus discípulos se cubrían con túnicas de lino. 12. Y Jesús se volvió hacia los cuatro puntos cardinales. 13. Y dijo: "*Iaô, iaô, iaô*". 14. Esta es la significación de este nombre: la *iota* significa que el universo ha sido emanado. 15. Y el *alfa* que volverá adonde ha salido, y *omega* que ése será el fin de los fines. 16. Y cuando hubo pronunciado estas palabras, dijo: "*Japhta, japhta, moinmaêr, moinaêr, ermanoier, ermanoieier*". 17. Y esto significa: Padre de toda paternidad y del infinito, tú me oirás, por los discípulos que he traído ante ti. 18. Porque ellos han creído las palabras de tu verdad. 19. Y tú harás las cosas por las que he clamado, porque yo conozco el nombre del padre del

tesoro de la luz. 20. Y Jesús clamó de nuevo y pronunció el nombre del padre del tesoro de la luz. 21. Y dijo: "Que todos los misterios de los *archones*, y de los ángeles y arcángeles, y todas las fuerzas y todas las cosas de los dioses invisibles las lleven arriba, para situarlas a la derecha". 22. Y los cielos giraron hacia occidente, y los eones, y la esfera, y todos sus *archones* huyeron hacia occidente, a la izquierda del disco del sol y del disco de la luna. 23. Y el disco del sol era un gran dragón y su cola estaba en su boca. 24. Y montó en las siete potencias de la izquierda e iba arrastrado por cuatro potencias bajo figura de caballos blancos. 25. Y la base de la luna tenía la figura de una barca arrastrada por los bueyes blancos, uncidos, y dirigidos por un dragón macho y por un dragón hembra. 26. Y una figura de niño dirigía desde la popa a los dragones, y éstos quitaban la luz a los *archones*, y la figura de un gato estaba ante él. 27. Y el mundo, y las montañas, y los mares corrían hacia occidente. 28. Y Jesús y sus discípulos estaban en las regiones del aire, en los caminos del medio, que está encima de la esfera. Y llegaron a la primera división, que está en el medio, y Jesús estaba en pie en el aire, con sus discípulos. 29. Y los discípulos le preguntaron: "¿En dónde estamos?" 30. Y Jesús les respondió: "En el camino del medio. 31. Porque cuando los *archones* de Adán se sublevaron, se entregaron entre sí a acciones reprobables. 32. Y procrearon *archones*, y ángeles, y arcángeles, y decanos. 33. Y Jeû, el padre de mi padre, salió de la derecha, y los encadenó en una Heimarméné de la esfera. 34. Y había allí doce eones y Jabaoth, además, estaba encima de seis. 35. Y Jabraoth, su hermano, estaba sobre otros seis.

LII. Jesús sigue explicando a sus discípulos
los hechos sucedidos en las regiones de los *archones*

1. Y Jabraoth, con sus *archones*, tuvo fe en los misterios de la luz. 2. Y obró según los misterios de la luz y dejó los lazos de la unión culpable. 3. Mas Sabaoth Adamas, con sus *archones*, continuó practicando la unión culpable. 4. Y viendo Jeû, el padre de mi

padre, que Jabraoth y sus *archones* tenían fe, los elevó. 5. Y los recibió en la esfera, y los condujo en el aire puro, ante la luz del sol, en las regiones de los que pertenecen al medio, y ante el invisible de Dios. 6. Y a Sabaoth Adamas y a sus *archones*, que no tenían fe en los misterios de la luz y seguían en las obras de la unión culpable, los encadenó en la esfera. 7. Y encadenó mil ochocientos *archones*, y coló trescientos sesenta sobre ellos. 8. Y colocó cinco grandes *archones* sobre los trescientos sesenta *archones* y sobre todos los *archones* encadenados. 9. Y estos cinco *archones* se llaman así en el mundo: el primero, Cronos; el segundo, Aries; el tercero, Hermes el cuarto, Afrodita, y el quinto, Dios". 10. Y Jesús siguió hablando y dijo: "Escuchen y les contaré sus misterios. 11. Cuando Jeû los hubo encadenado, sacó una gran potencia del gran Invisible y la ligó al llamado Cronos. 12. Y a Aries le ligó una potencia que sacó de *Ipsantachoinchainchoicheôch*, que es uno de los tres dioses triples poderes. 13. Y sacó una potencia de *Xaïnchôâôch*, que es uno de los tres dioses triples poderes, y la ligó en Hermes. 14. Y sacó una potencia de la Sabiduría fiel, hija de Barbelos, y la ligó sobre Afrodita. 15. Y pensando que necesitaban un gobernalle para dirigir al mundo y a los eones de la esfera, para que su malicia no perdiese el mundo, subió hacia el medio y tomó la potencia del menor Sabaoth, el bueno, que pertenece al medio. 16. Y la ligó en Aries, para que su bondad lo dirigiese. 17. Y dispuso el orden de su marcha de modo que pasase trece veces en cada estación, para que cada *archón* al que llegase no pudiese ejercer la malicia. 18. Y le dio por compañeros dos eones de la región a que pertenecía Hermes. 19. Y ahora escuchen para que les diga cuáles son los verdaderos nombres de estos cinco *archones*. 20. *Orimoith* es Cronos, *Moinichoiaphor* es Aries, *Tarpetanoiph* es Hermes, *Chôsi* es Afrodita y *Chômbal* es Dios. Y éstos son sus nombres".

LIII. Jesús promete otra vez a sus discípulos el conocimiento de todos los misterios

1. Y cuando los discípulos oyeron estas palabras, se prosternaron ante Jesús. 2. Y lo adoraron y dijeron: "Somos dichosos. 3. Porque nos has revelado tantas maravillas, que estamos por encima de todos los hombres". 4. Y continuaron rogándole y le dijeron: "Revélanos para qué son estos diversos caminos". 5. Y María vino hacía él y le besó los pies. 6. Y dijo: "Señor, ¿cuáles son los secretos de los caminos del medio? 7. Porque tú nos has dicho que están situados sobre grandes tormentas. 8. ¿Cómo están ordenadas y cómo hemos de librarnos de ellas? 9. ¿Y cómo se apoderan de las almas y qué tiempo pasan las almas en sus tormentos? 10. Ten piedad de nosotros, Señor y Salvador nuestro. 11. Porque nosotros tememos que los señores de estos caminos se apoderen de nuestras almas y las sometan a terribles tormentos y nos priven de la luz de tu Padre. 12. No permitas que caigamos en la desgracia de ser alejados de ti". 13. Y cuando María hubo hablado así, llorando, Jesús, por su gran misericordia, le contestó. 14. Y le dijo: "Regocíjense, hermanos amados, que han abandonado a sus padres por mi nombre. 15. Porque yo les daré todo conocimiento y les revelaré todos los misterios. 16. Y les mostraré los misterios de los doce *archones* de los eones, y de sus funciones y de sus categorías. 17. Y la manera de invocarlos, para llegar a sus regiones. 18. Y les daré el misterio del decimotercer eón y el modo de invocarlo para alcanzar sus regiones. 19. Y les daré el misterio del bautismo de los que pertenecen al medio, y la forma de invocarlos, para llegar a su región. 20. Y les comunicaré el misterio de los que pertenecen a la derecha, que es nuestra región, y la manera de invocarlos, para alcanzarla. 21. Y les daré todo misterio y todo conocimiento, y así serán llamados los hijos completos que poseen todo conocimiento y están instruidos de todo misterio. 22. Bienaventurados ustedes, entre todos los hombres de la Tierra, porque las hojas de la luz han venido en su edad".

LIV. Jesús habla de los demonios a sus discípulos

1. Y Jesús continuó su discurso y dijo: "Jeû, el padre de mi padre, tomó trescientos sesenta *archones* entre los *archones* de Adamas que no tenían fe en los misterios de la luz. 2. Y los encadenó en las regiones del aire en las que estamos ahora, encima de la esfera. 3. Y estableció sobre ellos cinco grandes *archones*, que son los que están en el camino del medio, que se llama *Paraplez*. 4. Y es un *archón* que tiene la figura de una mujer cuya cabellera baja hasta sus pies. 5. Y hay bajo su dirección veinticinco archidemonios. 6. Y éstos son los jefes de otros muchos demonios y estos demonios son los que entran en los hombres. 7. Para que se entreguen a la cólera y a las malas acciones, y son los que se apoderan de las almas de los pecadores y los atormentan con el humo de sus tinieblas y con sus suplicios". 8. Y María dijo: "Perdona que te pregunte, Señor, y no te incomodes por mi afán de saberlo todo". 9. Y Jesús dijo: "Pregunta lo que quieras". 10. Y María dijo: "Señor, revélanos cómo los demonios se apoderan de las almas, para que mis hermanos lo sepan también". 11. Y Jesús dijo: "El padre de mi padre, que es Jeû, y es el que vigila a todos los *archones* y a los dioses, y a todas las potencias hechas de la materia de la luz, y Melquisedec, enviado de todas las luces que purifican entre los *archones*, los conducen al tesoro de la luz. 12. Porque ellos son dos grandes luces y su misión es ésta: Descendiendo hacia los *archones*, se purifican en ellos, y Melquisedec separa la parte de luz que ha purificado entre los *archones* para llevarla al tesoro de la luz. 13. Y pasarán ciento treinta y tres años y nueve meses en los tormentos de ese lugar. 14. Y después de ese tiempo, cuando la esfera del menor Sabaoth, Dios, se vuelva hacia el primer eón de la esfera que se llama Afrodita y llegue a la séptima figura de la esfera, que es la luz, será entregada a los satélites que están entre los que pertenecen a la izquierda y a la derecha. 15. Y el gran Sabaoth, el bueno, soberano de todo el mundo y de toda la esfera, mirará desde lo alto a las almas que están en tormento y las enviará otra vez a la esfera". 16. Y Jesús siguió hablando y dijo: "El segundo lugar es el que se llama

Arioith, la Etiópica, que es un *archon*a hembra negro. 17. Y tiene bajo sí catorce demonios y está sobre otros muchos demonios. 18. Y estos demonios que están bajo Arioith la Etiópica son los que hacen a los hombres incendiarios, y los que los excitan a combatir, para que cometan muertes. 19. Y endurecen los corazones de los hombres para que cometan homicidios. 20. Y las almas sometidas a este grado estarán ciento trece años en su región y serán atormentadas por su humo y por su ardor. 21. Y cuando gire la esfera vendrá el menor Sabaoth, el bueno, a quien se llama en el mundo Zeus. 22. Y cuando llegue a la cuarta esfera de los eones, y cuando llegue Afrodita, para que venga a la sexta esfera de los eones, que se llama Capricornio, será entregada a los que están entre los que pertenecen a la izquierda y a la derecha. 23. Y Jeû mirará a la derecha, para que el mundo se agite, así como los eones de todas las esferas. 24. Y mirará el lugar en que habita Arioith la Etiópica. 25. Y todas sus regiones serán deshechas y todas las almas que padecen sus tormentos serán sacadas de ellos. 26. Y serán arrojadas otra vez a la esfera, para que perezcan en su humareda oscura y en su ardor".

LV. Jesús sigue describiendo los diversos tormentos a que se verán sometidas las almas

1. Y Jesús continuó y dijo: "El tercer rango se denomina Hécate, y está dotado de tres rostros, y tiene bajo sí veintisiete demonios. 2. Y éstos son los que entran en los hombres para incitarlos al perjurio y a la mentira y a desear lo que no poseen. 3. Y las almas que caigan en poder de Hécate serán entregadas a sus demonios para que las atormenten con su ardor. 4. Y durante ciento quince años y seis meses, las atormentarán, haciéndolas sufrir terribles suplicios. 5. Y cuando la esfera gire para que llegue el buen Sabaoth, el menor, que pertenece al medio y se llama Zeus en el mundo, y para que llegue a la octava esfera de los eones que se llama Escorpión. 6. Y para que Bombastis, que se llama Afrodita, llegue a la segunda esfera denominada Tauro, se correrán los

velos de los que pertenecen a la izquierda y a la derecha. 7. Y el pontífice Melquisedec mirará desde arriba para que se conmuevan la tierra y las montañas. 8. Y los *archones* serán tumbados, y mirará a todas las regiones de Hécate, para que sean disueltas, a fin de que perezcan y de que las almas que hay en ellas sean arrojadas otra vez a la esfera y sucumban al ardor de sus tormentos". 9. Y Jesús, siguiendo, dijo: "El cuarto rango se llama Tifón. 10. Y es un potentearchón bajo cuyo dominio están treinta y dos demonios. 11. Y éstos son los que entran en los hombres para incitarlos a la impureza y al adulterio y a ocuparse sin cesar en las obras de la carne. 12. Y las almas que este *archón* tenga bajo su poder pasarán ciento treinta y ocho años en sus regiones. 13. Y los demonios que están bajo él las atormentarán con su ardor. 14. Y cuando gire la esfera para que llegue el menor Sabaoth, que pertenece al medio y que se llama Zeus, y cuando llegue a la novena esfera de los eones que pertenecen al medio y se llaman Dozotheu y Bombastis, y en el mundo Afrodita, llegará un tercer eón al que se llama los gemelos. 15. Y serán corridos los velos que hay entre los que pertenecen a la izquierda y a la derecha, y el poderoso que se llama Zaraxax. 16. Y mirará a la morada de Tifón, para que sus regiones sean destruidas. 17. Y para que las almas sometidas a sus tormentos sean arrojadas a la esfera, para que sucumban en su ardor. 18. Y el quinto rango pertenece al *archón* llamado Jachtanubus. 19. Y es un potente que tiene bajo sí muchos demonios. 20. Y éstos son los que entran en los hombres para que cometan injusticias y favorezcan a los pecadores. 21. Y para que reciban regalos y hagan juicios inicuos, sin cuidarse de los pobres. 22. Y si no hacen penitencia, antes que sus almas dejen sus cuerpos, caerán en poder de este *archón*. 23. Y las almas que éste posea serán entregadas a los suplicios durante ciento cincuenta años y ocho meses, y sufrirán sumamente por el ardor de sus llamas. 24. Y cuando gire la esfera para que llegue el buen Sabaoth, el menor, que llaman en el mundo Zeus, y llegue a la oncena esfera de los eones y llegue Afrodita a la quinta esfera de los eones, se correrán los velos que hay entre los que pertenecen a la izquierda y a la derecha. 25. Y el gran Ino, el bueno, mirará desde las regiones superiores, las regiones de Jachtanabus. 26. Para que sus regiones sean destruidas y para que las almas sometidas a sus tormentos sean arrojadas a la esfera y perezcan en sus suplicios. 27. Y éstos son los secretos de las rutas del medio, sobre los que me han preguntado".

LVI. Jesús hace ver a sus discípulos el fuego, el agua, el vino y la sangre

1. Y cuando los discípulos hubieron oído estas palabras, se prosternaron ante Jesús. 2. Y lo adoraron, diciendo: "Ayúdanos, Señor, para librarnos de los terribles tormentos que están reservados a los pecadores. 3. ¡Desgraciados los hijos de los hombres, que van a tientas en las tinieblas y no saben nada! 4. Ten piedad de nosotros, Señor, en la gran ceguera en que estamos. 5. Y ten piedad de toda la raza de los hombres, porque sus enemigos acechan sus almas, como los eones su presa. 6. Porque quieren extraviarlos y hacerlos caer en las regiones de los tormentos. 7. Ten piedad de nosotros, Señor, y líbranos de esta gran turbación del espíritu". 8. Y Jesús contestó a sus discípulos: "Tengan confianza y no teman. 9. Dichosos ustedes, porque yo los haré señores de todos los hombres y ellos les serán sumisos. 10. Acuérdense que les he dicho que les daré la llave del reino de los cielos. 11. Y les repito que se las daré". 12. Y cuando Jesús hablaba así, las regiones del camino del medio quedaron ocultas. 13. Y Jesús resplandecía con una luz brillante. 14. Y Jesús dijo a sus discípulos: "Aproxímense a mí". Y se aproximaron. 15. Y se volvió hacia los cuatro puntos del horizonte, y pronunció un nombre supremo sobre su cabeza, y les predicó, y les sopló en los ojos. 16. Y Jesús les dijo: "Miren". 17. Y levantaron los ojos, y vieron una luz extraordinaria tal como no la hay en la Tierra. 18. Y Jesús dijo: "Miren y vean. ¿Qué ven?" 19. Y ellos contestaron: "Vemos el fuego, el agua, el vino y la sangre". 20. Y Jesús dijo: "En verdad les digo que yo no he traído, al venir al mundo, más que ese fuego, y esa agua, y ese vino, y esa sangre. 21. Porque he traído

el agua y el fuego de la región de la luz de las luces. 22. Y he traído el vino y la sangre de las regiones de Barbetis. 23. Y después mi Padre me ha enviado el Espíritu Santo bajo forma de paloma. 24. El fuego, el agua y el vino son para curar todos los pecados del mundo. 25. Y la sangre es para la salvación de los hombres. 26. Y yo la recibí bajo la forma de Barbetis, la gran potencia de Dios. 27. Y el Espíritu atrae a sí todas las almas y las lleva a las regiones de la luz. 28. Y por eso os he dicho que he venido a traer el fuego sobre la Tierra, esto es, que venía a castigar con fuego los pecados del mundo. 29. Y por eso dije a la Samaritana: Si tú conoces los dones de Dios, y a aquel que te ha dicho: Dame agua para beber, tú misma le habrías pedido el agua de la vida, para que fuese para ti un manantial constante hasta lo eterno. 30. Y por eso les he dado el cáliz de la vida. 31. Porque es la sangre de la alianza, que será vertida por ustedes, para la remisión de sus pecados. 32. Y por eso fue hundida en mi costado una lanza y brotó agua y sangre. 33. Éstos son los misterios de la luz, que remiten los pecados y son los nombres de la luz". 34. Y cuando Jesús hubo dicho esto, todos los poderes siniestros volvieron a sus regiones.

LVII. Jesús hace un sacrificio ante sus discípulos

1. Y Jesús y sus discípulos quedaron sobre la montaña de Galilea. 2. Y los discípulos le dijeron: "¿Cuándo remitirás nuestros pecados y nos harás dignos del reino de tu Padre?" 3. Y Jesús dijo: "En verdad les digo que no sólo puedo remitir sus pecados y aun hacerlos dignos del reino de mi Padre. 4. Sino que puedo concederles el poder de perdonar los pecados, para que los que perdonen en la Tierra sean perdonados en los cielos. 5. Y para que lo que aten en la Tierra sea atado en los cielos. 6. Yo les daré el misterio del reino de los cielos para que lo den a conocer a los hombres". 7. Y dijo Jesús: "Tráiganme fuego y ramas de palmera". 8. Y le trajeron lo que les pedía. Y Jesús puso un vaso de vino a su derecha y otro a su izquierda. 9. Y colocó la ofrenda delante y puso

el cáliz de agua ante el vaso de vino que estaba a la derecha. 10. Y puso el cáliz de vino ante el vaso de vino que estaba a la izquierda. 11. Y alineó los panes en medio de los cálices. 12. Y puso el cáliz de agua junto a los panes. 13. Y Jesús, manteniéndose ante la ofrenda, colocó tras de sí a sus discípulos, que iban todos vestidos de lino. 14. Y tenía en sus manos el sello del nombre del Padre de los tesoros de la luz. (Falta el versículo núm. 15.) 16. Y clamó, diciendo: "Escúchame, Padre mío, Padre de todas las paternidades, a quien he elegido para perdonar todos los pecados. 17. Remite los pecados de mis discípulos y purifícalos, para que sean dignos de entrar en el reino de mi Padre. 18. Padre del tesoro de la luz, sé propicio a los que me han seguido y han observado mis mandamientos. 19. Que vengan, Padre de toda paternidad, aquellos que perdonan los pecados. 20. Remite los pecados y extingue las faltas de estas almas. 21. Que sean dignas de ser admitidas al reino de mi Padre, Padre de la luz. 22. Porque yo conozco a tus grandes potencias. 23. Y yo las invoco: *Aner, Bebiô, Athroni, Heoureph,* Heôné, *Souphen, Kuitousochreôph, Manônbi, Mnenor, Jonôni, Chôcheteôph,* Chôchê, *Anêmph,* remite los pecados de estas almas. 24. Extingue sus faltas, las que han sido hechas con conocimiento y las que han sido hechas sin conocimiento. 25. Que los que participan en esta ofrenda sean dignos de entrar en tu reino, ¡oh, mi santo Padre! 26. Y si me oyes, Padre mío, y les perdonas sus pecados, y los consideras dignos de entrar en tu reino, dame un signo". 27. Y el signo fue dado.

LVIII. Los discípulos piden a Jesús que les comunique los últimos misterios

1. Y Jesús dijo a sus discípulos: "Regocíjense. 2. Porque sus pecados les son remitidos y sus faltas borradas, y ustedes son dignos de entrar en el reino de mi Padre". 3. Y cuando hubo hablado así, los discípulos sintieron una gran alegría. 4. Y dijo Jesús: "Este es el misterio que transmitiré a los hombres sinceros y de corazón limpio. 5. Y sus faltas y pecados les serán remitidos hasta el día

en que les comuniquen este misterio. 6. Mas no den este misterio sino al hombre que siga los preceptos que les he dado. 7. Porque es el misterio del bautismo de los que les perdonan sus pecados y les borran sus faltas. 8. Y porque es el bautismo de la primera ofrenda, que conduce a la región de la verdad y a la región del interior de la luz". 9. Y sus discípulos dijeron: "Maestro, revélanos los misterios de la luz de tu Padre. 10. Porque te hemos oído decir: Hay un bautismo de humo, y un bautismo del soplo de la luz santa, y hay la unción pneumática, que conduce las almas al tesoro de la luz. 11. Enséñanos esos misterios para que entremos en posesión del reino de tu Padre". 12. Y Jesús les dijo: "Ningún misterio hay más grande que el que quieren conocer. 13. Porque conducirá sus almas a la luz de las luces y a las regiones de la verdad y la bondad. 14. Y a las regiones del Santo de todos los Santos, y a las regiones en que no hay hombre, ni mujer, ni forma ninguna. 15. Sino sólo una luz constante e inefable, porque no hay nada más sublime que estos misterios que quieren conocer. 16. Porque son los misterios de los siete caminos y las cuarenta y nueve potencias. 17. Y no hay ningún nombre más elevado que el nombre que contiene todos los nombres y todas las luces y todas las potencias. 18. Y al que conozca este nombre, al salir de su cuerpo material, no lo podrán enojar tinieblas, ni *archones*, ni arcángeles, ni potencias. 19. Porque si dice ese nombre al fuego, se apagará, y si a las tinieblas, desaparecerán. 20. Y si lo dice a los demonios y a los satélites de las tinieblas exteriores, y a los *archones* y a las potencias de las tinieblas todos perecerán, para que su llama arda. 21. Y clamarán: Santo eres, santo eres, santo de todos los santos. 22. Y si se dice este nombre a los satélites de los castigos, y a sus dignidades, y a todas sus fuerzas, y a Barbelo, y al Dios invisible, y a los tres dioses de las triples potencias, caerán unos sobre otros. 23. Y serán destruidos, y clamarán: Luz de toda luz de las luces infinitas, acuérdate de nosotros y purifícanos". 24. Y cuando Jesús hubo dicho estas palabras, todos los discípulos lanzaron grandes gritos y sollozaban. (...)

LIX. Jesús explica a sus discípulos
los castigos reservados a los maldicientes

1. Y la conducirán al camino del medio para que los *archones* la atormenten durante seis meses y ocho días. 2. Y cuando la esfera gire, la entregará a sus satélites, para que la arrojen a la esfera de los eones. 3. Y los satélites de la esfera la llevarán hasta el agua del interior de la esfera, para que el fuego la devore y sea grandemente atormentada. 4. Y vendrá Jalukam, el sirviente de Sabaoth Adamas, que da a las almas el cáliz del olvido. 5. Y llevará un cáliz lleno del agua del olvido, para darlo a esta alma. 6. Para que beba y olvide todas las regiones que ha recorrido, y sea arrojada al cuerpo que le corresponde, y se aflija constantemente en su corazón". 7. Y María dijo: "Señor, el hombre que persevere en la maledicencia, ¿dónde va y cuál es su castigo?" 8. Y Jesús dijo: "Cuando el que persevere en la maledicencia sale de su cuerpo, Abiuth y Carmon, servidores de Ariel, vienen y están con él tres días enseñándole todas las criaturas del mundo. 9. Y la llevan al infierno y la hacen sufrir tormentos durante once meses y veintiún días. 10. Y luego la llevan al caos, con Jaldabaoth y sus cuarenta y nueve demonios. 11. Para que cada uno de éstos pase en ella once meses y veintiún días, haciéndola sufrir el martirio del humo. 12. Y la sacarán de los ríos de humo y la conducirán a los lagos de fuego para hacerla sufrir durante once meses y veintiún días. 13. Y la llevarán otra vez al camino del medio, para que cada *archón* la atormente haciéndola sufrir sus suplicios durante once meses y veintiún días. 14. Y la llevarán al templo de la luz, donde se hace la separación de los justos y de los pecadores. 15. Y cuando gire la esfera la entregarán a sus satélites, para que la arrojen a la esfera de los eones. 16. Y los satélites de la esfera la conducirán al agua del interior de la esfera, para que el humo la devore y sea grandemente atormentada. 17. Y Jaluham, sirviente de Sabaoth Adamas, dará a esta alma el agua del olvido, para que olvide las regiones que ha atravesado".

LX. Jesús explica los castigos reservados a los ladrones y a los homicidas

1. Y María dijo: "¡Malhaya los pecadores!" 2. Y Salomé dijo: "Señor, ¿qué castigo tiene un homicida que no haya cometido más que ese delito?" 3. Y dijo Jesús: "Cuando un homicida que no haya cometido otro pecado deja su cuerpo, los satélites de Jaldabaoth lo entregan a un gran demonio en forma de caballo, para que durante tres días corra con ella por el mundo. 4. Y la llevarán a lugares llenos de nieve y hielo, para que esté allí tres años y seis meses. 5. Y la conducirán luego al caos, hacia los cuarenta y nueve demonios de Jaldabaoth, para que cada uno la atormente tres años y seis meses. 6. Y la llevarán luego a Proserpina, para que la atormente durante tres años y seis meses. 7. Y la conducirán a la vía del medio, para que cada *archón* la haga sufrir los suplicios de sus regiones durante tres años y seis meses. 8. Y la conducirán a la región de la luz, donde se hace la separación de los justos y de los pecadores. 9. Y cuando gire la esfera, será arrojada en las tinieblas exteriores, hasta que levantándose las tinieblas del medio, sea disuelta. 10. Y éste es el castigo para el que mata". 11. Y Pedro dijo: "Señor, tú has contestado a la pregunta de las mujeres. 12. Y también nosotros te queremos interrogar". 13. Y Jesús dijo a María y a las mujeres: "Dejen sitio a sus hermanos". 14. Y Pedro dijo: "Señor, ¿cuál es el castigo de un ladrón que persevera en su pecado?" 15. Y Jesús dijo: "Cuando su tiempo sea cumplido, los sirvientes de Adonis vendrán por él. 16. Y lo sacarán de su cuerpo y lo harán recorrer el mundo durante tres días, mostrándole sus criaturas. 17. Y lo llevarán al infierno, y lo harán sufrir los suplicios durante tres meses, ocho días y dos horas. 18. Y lo llevarán a los demonios de Caldauoth, para que cada uno lo atormente tres meses, ocho días y dos horas. 19. Y lo llevarán a los *archones* del medio, para que cada uno lo atormente tres meses, ocho días y dos horas. 20. Y lo llevarán a la virgen de la luz, donde son separados los justos de los pecadores, y cuando la esfera gire, será entregado a los eones de la esfera. 21. Y ellos lo conducirán al agua del interior de la esfera y lo

harán sufrir grandes tormentos. 22. Y vendrá Jaluham, y le dará el cáliz del olvido, y lo hará olvidar cuanto ha visto, y entrará en el cuerpo de un cojo, ciego y lisiado. 23. Y éste es el castigo del ladrón".

LXI. Castigo de los soberbios y de los blasfemos

1. Y Andrés dijo: "¿Qué castigo sufrirá el soberbio?" 2. Y Jesús respondió: "Cuando su tiempo se cumpla, los satélites de Ariel llevarán su alma durante tres días y la harán ver las criaturas del universo. 3. Y la llevarán al infierno y será atormentada durante veinte meses. 4. Y la llevarán a Jaldabaoth, y a sus cuarenta y nueve demonios, para que cada uno la atormente veinte meses. 5. Y la llevarán al camino del medio, para que cada *archón* la atormente otros veinte meses. 6. Y la llevarán a la virgen de la luz, para separarla, y cuando la esfera gire, será arrojada a los eones de la esfera. 7. Y será llevada al agua del interior de la esfera y su humo la atormentará. 8. Y Jaluham le dará el agua del olvido, para que olvide cuanto ha visto. 9. Y será arrojada en un cuerpo (...), para que todos la desprecien. 10. Y éste es el castigo del hombre soberbio". 11. Y Tomás dijo: "¿Qué castigo sufre el hombre que constantemente blasfema?" 12. Y Jesús dijo: "Cuando su tiempo se haya cumplido, los satélites de Jaldabaoth llegarán a él, y lo atarán por la lengua a un gran demonio en forma de caballo, que lo hará recorrer durante tres días el mundo, atormentándolo. 13. Y lo llevarán a un lugar lleno de nieve y frío, para atormentarlo durante once años. 14. Y lo llevarán al caos de Jaldabaoth y de sus cuarenta y nueve demonios, para que cada uno lo atormente durante once años. 15. Y lo conducirán a las tinieblas exteriores hasta que sea entregada al gran *archón* en figura de dragón que recorre las tinieblas. 16. Y esta alma será dejada en las tinieblas para que perezca. 17. Porque tal es el castigo del blasfemo".

LXII. Bartolomé, Tomás y Juan hacen preguntas a Jesús

1. Y Bartolmé dijo: "¿Qué pena sufre el hombre que peca contra natura?" 2. Y dijo Jesús: "El castigo de este hombre es igual que el del blasfemo. 3. Y cuando su tiempo se cumpla, los satélites de Jaldabaoth llevarán su alma hacia los cuarenta y nueve demonios, para que cada uno la atormente once años. 4. Y la llevarán a ríos de humo y a lagos de pez hirviente, llenos de demonios, y será atormentada aquí durante once años. 5. Y luego la llevarán a las tinieblas exteriores hasta el día del juicio. 6. Y será separada y hundida en las tinieblas exteriores, para que perezca". 7. Y Tomás dijo: "Hemos sabido que hay hombres que comen hostias hechas con semen de hombre y sangre menstrual de mujer". 8. Y dicen: "Confiamos en Erán y en Jacob. ¿Es esto lícito?" 9. Y Jesús, en este momento, tuvo gran cólera contra el mundo. 10. Y dijo a Tomás: "En verdad les digo que ningún pecado puede superar a éste. 11. Y los que lo cometan serán conducidos a las tinieblas exteriores. 12. Y no serán vueltos a traer a las esferas, sino que perecerán en las tinieblas exteriores, en un lugar donde no hay luz ni misericordia, sino llanto y rechinar de dientes. 13. Porque todas las almas que sean conducidas a las tinieblas exteriores perecerán". 14. Y Juan dijo: "¿Qué será del hombre que no ha cometido pecado, mas no ha encontrado los misterios?" 15. Y Jesús dijo: "Cuando el tiempo de este hombre se haya cumplido, los servidores de *Bainchôôôch*, que es uno de los tres poderes divinos, vendrán por su alma y la conducirán a la alegría. 16. Y recorrerán con ella el mundo durante tres días, para mostrarle en gozo a todas las criaturas del mundo. 17. Y la llevarán al infierno para mostrarle sus suplicios, mas no se los harán sufrir. 18. Pero el vapor de la llama de los tormentos la rozará. 19. Y la llevarán a la vía del medio, para mostrarle los tormentos, y el vapor de la llama la rozará. 20. Y la conducirán a la virgen de la luz, y será colocada ante el buen Sabaoth, el menor, que pertenece al medio. 21. Hasta que la esfera gire y Zeus y Afrodita vengan bajo la forma de la virgen de la luz. 22. Y Cronos y Aries vendrán con ella. 23. Y el alma de este justo será entregada a los satélites de

Sabaoth y la llevarán a los eones de la esfera, para que la con-
duzcan al agua del interior de la esfera. 24. Para que su humo
ardiente entre en ella y la consuma y la haga sufrir grandes tormentos. 25. Y Jaluham, el que da a las almas el cáliz del olvido,
vendrá y le hará beber el agua del olvido, para que olvide todo lo
que ha visto. 26. Y después el sirviente de Sabaoth el menor, el
bueno, traerá un vaso lleno de prudencia y sabiduría, y en el que
está la aflicción. 27. Y lo hará beber a esta alma y será colocada
en un cuerpo donde no podrá dormir, pero podrá olvidar, por el
brebaje de aflicción que se le ha dado. 28. Y su corazón se purificará, a fin de que pueda buscar los misterios de la luz, hasta
que los encuentre, según la orden de la virgen de la luz, y para que
entre en posesión de la luz eterna".

LXIII. Postrera invocación de los discípulos

1. Y María dijo: "Un hombre que haya cometido un pecado o
una falta cualquiera, y no encuentre los misterios de la luz, ¿será
sometido a la vez a esos diversos suplicios?" 2. Y Jesús dijo: "Los
sufrirá. Y si ha cometido tres pecados, sufrirá tres castigos". 3. Y
Juan dijo: "¿Puede salvarse un hombre que haya cometido todos
los pecados y todas las faltas si encuentra al fin los misterios de
la luz?" 4. Y Jesús dijo: "El que haya cometido todos los pecados
y todas las faltas y encuentra al fin los misterios de la luz será per-
donado de todos sus pecados y faltas, y entrará en posesión de los
tesoros de la luz". 5. Y Jesús dijo a sus discípulos: "Cuando la
esfera gire y sea mudada, de manera que Cronos y Aries lleguen
junto a la virgen de la luz, y Zeus y Afrodita lleguen a la virgen,
girando en sus órbitas, éste será un día de gozo, al ver estas dos
estrellas de luz ante ella. 6. Y en este instante las almas con las
que ella puebla los círculos de las esferas de los eones, para que
vengan al mundo, serán buenas y justas. 7. Y se convertirán en
los misterios de la luz, hasta que sean enviadas otra vez a descu-
brir los misterios de la luz. 8. Y si Aries y Cronos llegan a la virgen, dejando tras ella a Júpiter y Afrodita, para que no los vea,

las almas que en este momento sean lanzadas a la esfera serán propensas a la cólera, y perversas, y no descubrirán los misterios de la luz". 9. Y cuando Jesús hubo hablado así a sus discípulos en medio del infierno, ellos clamaron. 10. Y dijeron, llorando: "Malhaya, malhaya los pecadores que sufren el olvido y la indiferencia de los *archones* hasta que salen de sus cuerpos para sufrir estos tormentos. 11. Ten piedad de nosotros, hijo del santo, ten piedad de nosotros, para que seamos preservados de los castigos y de los suplicios reservados a los pecadores. Ten piedad de nosotros, aunque hayamos pecado, Señor nuestro y luz nuestra".

REVELACIÓN DE PABLO

Pág. 17 La revelación de Pablo
[Laguna]

Pág. 18 Visión de Pablo

[...] en el camino. Y [se dirigió a él], diciendo: "¿Qué camino [tomaré] para subir a [Jerusalén]?" El niño [respondió diciendo]: "Di tu nombre, a fin de que te [enseñe] el camino". Sabía [quién era Pablo]. Quiso mostrarse gentil con él por medio de sus palabras para poder hallar una excusa para conversar con él. El niño tomó la palabra y dijo: "Sé quien eres, Pablo, tú fuiste el bendecido desde el vientre de su madre. Ahora bien, yo [he venido] a ti a fin de que [subas a Jerusalén] hacia tus colegas [apóstoles]. Por esto [has sido convocado]. Yo soy [el Espíritu que hace camino] contigo. [Prepara] tu mente, Pablo [...] *pág. 19* Pues [...] todo que [...] en los principados y estas potestades y arcángeles y poderes y toda clase de demonios [...] aquél que pone al descubierto cuerpos para ser desparramados entre almas".

En cuanto hubo terminado este discurso continuó hablando y me dijo: "Prepara tu mente, Pablo, y date cuenta que la montaña sobre la que estás es la montaña de Jericó, a fin de que conozcas las cosas ocultas que yacen bajo las cosas manifiestas. Sí, irás con los doce apóstoles, pues son espíritus elegidos, y te recibirán con un saludo".

(Pablo) alzó la vista y vio cómo lo saludaban. Entonces, el [Espíritu] Santo, que conversaba con él, lo arrebató hacia lo alto, hasta el tercer cielo. Luego pasó hasta el cuarto [cielo]. El Espíritu [Santo] le habló diciendo: "Mira y ve tu semejanza sobre la Tierra".

Él [miró] hacia abajo y vio las cosas que estaban sobre la Tierra. Observó [y vio] las cosas que se encontraban sobre [...] *pág. 20* Fijó la mirada [hacia abajo] y vio a los doce apóstoles a su derecha y a su izquierda en la creación, y el Espíritu les precedía en el camino.

Visión de juicio de las almas

Ahora bien, en el cuarto cielo yo vi las cosas de acuerdo a su tipo. Vi, efectivamente, a los ángeles que se parecían a dioses, a los ángeles que trasladan almas de la tierra de los muertos. A una de ellas la colocaron en la entrada del cuarto cielo, y los ángeles la azotaban. El alma alzó su voz diciendo: "¿Qué pecado he cometido en el mundo?" El guardián que habita en el cuarto cielo le respondió con estas palabras: "No fue bueno cometer todas aquellas violaciones a la Ley que rige en el mundo de los muertos". El alma contestó diciendo: "Trae testigos y que [señalen] en qué cuerpo cometí violación. [¿Podrías] traer un libro [y leer en] él?" Y se presentaron tres testigos. El primero tomó la palabra y dijo: ["¿Acaso] no estuve yo en el cuerpo en la segunda hora? [...] Me alcé contra ti *pág. 21* hasta que [te sumiste] en la ira, el enojo y la envidia". El segundo habló y dijo: "¿Acaso no estaba yo en el cosmos? Entré en la hora quinta y te vi y te deseé. Y he aquí que ahora te acuso de los crímenes que cometiste". El tercero tomó la palabra diciendo: "¿Acaso no me acerqué a ti en la hora duodécima del día a la puesta del sol? Te di tinieblas hasta que finalizaras tus pecados".

Cuando el alma escuchó todo esto bajó los ojos con tristeza. Luego miró hacia arriba y se precipitó hacia abajo. El alma que fue arrojada hacia abajo [fue introducida] a un cuerpo que había sido preparado [para ella]. Y he aquí que se acabaron sus testigos.

Ascensión a través de los cielos

[Entonces, yo miré] hacia arriba y vi al Espíritu que me decía: "Ven Pablo, acércate a mí". Y cuando yo [avanzaba], la puerta se abrió y entré en el quinto [cielo]. Y vi a mis colegas apóstoles [que me acompañaban] *pág. 22* mientras el Espíritu venía con nosotros. Y en el quinto cielo vi un gran ángel que blandía en su mano una vara de hierro. Acompañándolo estaban otros tres ángeles y yo levanté la vista hacia ellos. Sin embargo, luchaban entre ellos blandiendo látigos, empujando a las almas hacia el juicio. Yo, por mi parte, avanzaba con el Espíritu y la puerta me fue abierta. Entonces ascendimos al sexto cielo y vi a mis colegas apóstoles que me acompañaban, y el Espíritu Santo me conducía ante ellos. Levanté la mirada y vi una gran luz que fulguraba sobre el sexto cielo. Hablé y dije al guardián que estaba en el sexto cielo: "[Abre la puerta] para mí y para el Espíritu [Santo] que me antecede". Entonces me abrió y [ascendimos] al séptimo [cielo. Ahí vi a] un anciano [...] de luz cuya vestidura era blanca. [Su trono], que se halla en el séptimo cielo, brillaba más que el sol, [siete] veces más. *pág. 23* El anciano tomó la palabra y me dijo: "¿A dónde vas, Pablo, el bendecido, el que fue apartado desde el vientre de su madre?" Ahora bien, yo miraba al Espíritu, y él movía la cabeza diciéndome: "Habla con él". Yo hablé y dije al anciano: "Regreso al lugar del cual vine". El anciano me contestó: "¿De dónde procedes?" Yo le respondí diciendo: "Desciendo al mundo de los muertos para llevar cautiva a la cautividad que fue cautivada en la cautividad de Babilonia". El anciano me respondió diciendo: "¿De qué forma podrás alejarte de mí? Mira y ve a los principados y a las potestades". El Espíritu intervino diciendo: "Entrégale la señal que está en tu mano, y te abrirá". Entonces yo le di la señal. Él volvió el rostro hacia abajo, hacia su creación y los que son sus potestades. Entonces se abrió [el séptimo] cielo y ascendimos a la *pág. 24* Ogdóada. Y vi a los doce apóstoles. Me saludaron y ascendimos al noveno cielo. Yo saludé a todos los que se hallaban en el noveno cielo, y ascendimos al décimo cielo. Y yo saludé a mis espíritus compañeros.

ÍNDICE

Los evangelios gnósticos fue impreso
en abril de 2006, en Q Graphics,
Oriente 249-C, núm. 126, C.P.
08500, México, D.F.